UNVERHANDELBAR! Mein Selbstwert

Claire Rose

Vorwort

Liebe Leserin, lieber Leser,
du hältst eine Einladung zur wichtigsten Reise deines Lebens in den Händen: der Reise zu dir selbst. Vielleicht bist du müde davon, dich zu klein zu fühlen oder dich mit anderen zu vergleichen. Oder du spürst bereits, dass da mehr ist – mehr Selbstliebe, mehr Frieden, mehr Leben. Was du hier findest, ist keine Anleitung zur Selbstoptimierung, sondern eine sanfte Revolution gegen die Stimmen, die dir eingeredet haben, du seiest nicht genug. Diese Revolution beginnt mit einem mutigen Schritt: dem ehrlichen Blick zu dir selbst.

Jedes Kapitel ist ein Wegweiser. Du musst nicht alles auf einmal verstehen. Nimm das mit, was für dich stimmt. Das Wichtigste zuerst: Du bist bereits genug. Genau jetzt. Dieses Buch zeigt dir, wie du zu dem Menschen wirst, der du bereits bist – befreit von Selbstzweifeln und fremden Erwartungen. Die Reise wird nicht immer einfach sein. In schweren Momenten erinnere dich: Du bist mutiger, als du glaubst, und du verdienst Liebe – besonders deine eigene.

Willkommen auf der schönsten Reise deines Lebens.
In Liebe,

Claire Rose

Inhalt

Kapitel 1

Woraus setzt sich mein Selbstwert zusammen?

Es ist ein kühler Herbstmorgen. Du stehst vor deinem Badezimmerspiegel. Nicht nur für das gewohnte Zähneputzen, sondern um dich selbst wirklich anzuschauen. Ein ehrlicher Blick. Kein flüchtiges Erfassen des Äußeren, sondern ein Innehalten, ein Fragen:

Wer bin ich eigentlich?

Was dir dort entgegenblickt, ist mehr als ein Spiegelbild. Es ist ein Mosaik aus Gedanken, Gefühlen, Erfahrungen und Bewertungen, die du über Jahre hinweg über dich selbst gesammelt hast.

Ein Spiegel zeigt nicht nur dein Gesicht. Er reflektiert die Summe aller Geschichten, die du dir über dich selbst erzählst. Täglich stehst du vor diesem unsichtbaren Spiegel deines Selbstwerts. Doch was genau blickt dich da an? Selbstwert ist kein starres Konstrukt, sondern ein lebendiges Gefüge – wie ein Gebäude mit Fundament, Stockwerken und Dach.

Je mehr wir nach unserem ‚wahren Selbst' suchen, desto mehr entfernen wir uns manchmal von ihm. Es ist wie der Versuch, den eigenen Schatten zu fangen - je schneller wir rennen, desto schneller flieht er. Vielleicht liegt die Antwort nicht im Suchen, sondern im Aufhören zu suchen - im einfachen Sein mit dem, was bereits da ist. Manchmal ist das wertvollste Selbstbild das, was entsteht, wenn wir aufhören, eines zu konstruieren.

Dein Selbstwert setzt sich zusammen aus deinem Selbstbild, deiner Selbstakzeptanz, deiner Selbstliebe und deiner Selbsterkenntnis.

Das Fundament: Dein Selbstbild

Dein Selbstbild bildet das Fundament deines Selbstwerts. Es ist die Art, wie du dich selbst wahrnimmst, wie du dich beschreiben würdest, dein innerer Steckbrief. Vielleicht denkst du: „Ich bin zuverlässig, aber manchmal zu zurückhaltend. Ich bin kreativ, aber nicht besonders sportlich." Solche inneren Etiketten formen dein Selbstbild. Manche sind liebevoll angebracht, andere kleben hartnäckig und scheinen sich kaum lösen zu lassen.

Dein Selbstbild ist nicht in Stein gemeißelt. Es ist ein Gemälde, das du täglich mit neuen Pinselstrichen verändern kannst.

Dieses Bild entsteht nicht aus dem Nichts. Es wird geprägt von Rückmeldungen anderer, von Vergleichen, von deinen Erfolgen und Misserfolgen. Ein einziger Satz wie „Das konntest du noch nie" kann über Jahre hinweg in dir nachhallen. Umgekehrt kann ein ehrlich gemeintes Kompliment zu einem tragenden Pfeiler deines Selbstbildes werden.

Dein Selbstbild zeigt sich nicht,
wenn dich alle lieben.
Sondern wenn sie dich ignorieren.
Wenn sie dich falsch verstehen.
Wenn sie dich schlecht behandeln
und du trotzdem weißt:
Ich bin mehr.

Mehr als das, was sie gerade sehen.
Wenn kein Applaus kommt,
kein Blick, kein Lob
und du bleibst bei dir.
Das ist Selbstbild.
Nicht, was du von dir denkst,
wenn du glänzt,
sondern was du von dir hältst,
wenn du fällst.

Der erste Stock: Deine Selbstakzeptanz

Selbstakzeptanz ist nicht das Ende des Wachstums, sie ist der Boden, auf dem echte Veränderung wachsen kann.

Auf dem Fundament deines Selbstbildes ruht die Selbstakzeptanz. Das ist die Kunst, dich selbst anzunehmen, wie du bist. Das ist nicht einfach. Vielleicht hörst du innere Stimmen, die dir zuflüstern: „Ich sollte anders sein", „Ich müsste mehr leisten", „Ich hätte es besser machen sollen". Diese Sätze wirken wie dunkle Wolken, die dein Selbstbild überschatten.

Selbstakzeptanz bedeutet nicht, alles an dir gutzuheißen oder auf Veränderung zu verzichten. Sie bedeutet, ehrlich anzuerkennen, was ist – ohne dich dafür zu verurteilen.

Dazu gehört es, deinen Körper, deine Gefühle, deine Vergangenheit und deine aktuelle Lebenssituation anzunehmen. Das ist keine Resignation, sondern eine bewusste Entscheidung: Frieden zu schließen mit dem, was du nicht ändern kannst und Verantwortung zu übernehmen für das, was du beeinflussen kannst.

Das Dachgeschoss: Deine Selbstliebe

Im obersten Stockwerk deines inneren Hauses lebt die Selbstliebe. Sie ist mehr als Akzeptanz, sie ist eine aktive, wohlwollende Zuwendung zu dir selbst. Sie spricht mit dir nicht in Vorwürfen, sondern in Ermutigung. Nicht mit Härte, sondern mit Mitgefühl.
Vielleicht fragst du dich:

Ist es nicht egoistisch, sich selbst zu lieben?

Doch Selbstliebe ist nicht gleichbedeutend mit Narzissmus. Es bedeutet, dich selbst so zu behandeln, wie du es mit einem Menschen tun würdest, den du aufrichtig liebst: mit Geduld, Verständnis und Fürsorge.

Du kannst anderen nicht geben, was du dir selbst verweigerst. Selbstliebe ist kein Luxus, sie ist eine Notwendigkeit. Sie zeigt sich in kleinen Gesten, wenn du dir Zeit für dich nimmst, dir selbst Fehler verzeihst, deine Bedürfnisse ernst nimmst und deine Grenzen schützt. Sie zeigt sich, wenn du deine innere Stimme beobachtest und sie nach und nach freundlicher werden lässt.

Selbstliebe ist nicht laut. Sie ist selten ein Triumph oder ein Sieg. Eher gleicht sie einer inneren Geste – wie eine Umarmung, die uns von innen her hält. Manchmal fühlt sie sich an wie eine Kerze in einem dunklen Raum: klein, unscheinbar, und doch genug, um den Schatten zu vertreiben.

Wer sich selbst liebevoll anschaut, entzündet damit ein Licht, das auch andere wärmt. So wird Selbstliebe nie nur zum Geschenk für mich allein – sie strahlt hinaus in jede Begegnung.

Die verbindenden Elemente:

Selbsterkenntnis als Mörtel

Zwischen Selbstbild, Selbstakzeptanz und Selbstliebe wirkt ein verbindendes Element: die Selbsterkenntnis. Sie ist wie der Mörtel zwischen den Ziegeln, sie hält alles zusammen. Ohne sie bleibt dein Selbstbild verschwommen, deine Akzeptanz oberflächlich, deine Selbstliebe kraftlos.

Die Reise zu einem gesunden Selbstwert beginnt mit der Entscheidung, dich selbst wirklich kennenzulernen. Das heißt: Hinschauen – auf Licht und Schatten, auf Stärken und Schwächen, auf Sehnsüchte und Ängste.

Selbsterkenntnis ist wie das Anzünden einer Kerze in einem dunklen Raum. Plötzlich erkennst du, wo du stehst und wohin du gehen kannst. Eine Möglichkeit ist, ein Tagebuch zu führen. Beobachte deine Gedanken, deine Reaktionen, deine Muster. Stelle dir Fragen: „Warum fühle ich so? Was sind meine Werte? Was wünsche ich mir wirklich?"

Solche Fragen führen dich immer tiefer zu dir selbst und legen den Grundstein für eine authentische Beziehung zu dir.

Das Zusammenspiel der Komponenten

Selbstbild, Selbstakzeptanz, Selbstliebe und Selbsterkenntnis. Sie wirken zusammen wie ein Mobile. Bewegt sich ein Teil, geraten alle anderen in Schwingung. Du musst nicht alles gleichzeitig verändern. Fang irgendwo an und der Rest wird folgen.

Es wird gute Tage geben und solche, an denen alles ins Wanken gerät. Aber jeder Moment, in dem du dich dir selbst zuwendest, stärkt dein inneres Fundament. Mit jedem ehrlichen Blick in deinen Spiegel wird dein Selbstwert klarer, stabiler, lebendiger. Der Weg zu einem gesunden Selbstwert ist eine Reise nach innen zu deinen tiefsten Wahrheiten, deinen verletzten Anteilen, die Heilung brauchen, und zu den starken Seiten, die darauf warten, endlich gesehen zu werden. Und er beginnt mit einem einzigen, mutigen Schritt: dem Blick in den Spiegel deiner Selbsterkenntnis.

Selbstwert ist kein Ziel, das du einmal erreichst. Er ist ein Garten, den du täglich pflegst.

Das Fundament neu giessen

Es gibt Momente im Leben, da spürst du, wie alles ins Wanken gerät. Nicht durch äußere Ereignisse, sondern durch eine innere Erkenntnis: Das Fundament, auf dem du dein Leben aufgebaut hast, trägt nicht mehr. Die Geschichten, die du dir über dich selbst erzählt hast, die Überzeugungen, die du nie hinterfragt hast, die Identität, die du aus den Worten anderer zusammengepuzzelt hast – sie alle beginnen zu bröckeln.

Dieser Moment kann sich anfühlen wie ein Erdbeben der Seele. Plötzlich ist nichts mehr sicher, nichts mehr selbstverständlich. Du fragst dich: Wer bin ich wirklich, wenn ich all diese fremden Definitionen von mir abziehe? Was bleibt übrig, wenn ich aufhöre, die Erwartungen anderer zu erfüllen?

Die Antwort ist zunächst erschreckend: Es bleibt eine große Leere. Ein Raum voller Möglichkeiten, der aber auch voller Unsicherheit ist. Du stehst da wie ein Architekt vor einem leeren Grundstück, mit der Aufgabe, ein neues Haus zu bauen – diesmal jedoch eines, das wirklich zu dir passt. Das Gießen eines neuen Fundaments ist ein langsamer Prozess. Schicht für Schicht trägst du neue Erkenntnisse über dich auf. Du entdeckst Stärken, die du nie gesehen hast, weil sie nicht laut und spektakulär waren. Du findest Träume wieder, die du begraben hattest, weil andere sie für unrealistisch hielten. Du spürst Bedürfnisse, die du jahrelang ignoriert hast, weil sie nicht in das Bild passten, das andere von dir hatten.

Das neue Fundament besteht nicht aus Beton und Stahl, sondern aus Wahrheit und Selbstakzeptanz. Es ist flexibel genug, um mit dir zu wachsen, aber stark genug, um dich zu tragen. Es ist nicht perfekt – es hat Risse und Unregelmäßigkeiten. Aber diese Unvollkommenheiten sind nicht Schwächen, sie sind Charakteristika. Sie erzählen die Geschichte deiner Heilung, deines Mutes, deiner Bereitschaft, neu anzufangen.

Während du dieses neue Fundament gießt, wirst du merken, dass Menschen unterschiedlich darauf reagieren. Manche werden es bewundern und sich inspiriert fühlen, selbst zu bauen. Andere werden es kritisieren, weil es nicht ihren Vorstellungen entspricht. Wieder andere werden Angst davor haben, weil es sie daran erinnert, dass auch ihr eigenes Fundament möglicherweise renovierungsbedürftig ist.

Doch das alles sind nur Stimmen von außen. Die einzige Stimme, die wirklich zählt bei diesem Bauprozess, ist deine eigene. Sie flüstert dir zu, wenn etwas richtig ist, und warnt dich, wenn etwas nicht passt. Diese innere Stimme zu hören und ihr zu vertrauen ist vielleicht die schwierigste und gleichzeitig wichtigste

Fähigkeit, die du entwickeln kannst. Das neue Haus deines Selbstwerts wird nicht an einem Tag gebaut. Es ist ein Projekt, das dein ganzes Leben dauert. Aber jeden Tag, an dem du daran arbeitest, wird es ein bisschen stabiler, ein bisschen schöner, ein bisschen mehr zu deinem wahren Zuhause.

Zwischen all den Geschichten,
die du dir über dich erzählst,
flüstert deine Seele leise:
Du bist mehr.

Das Haus im Sturm

Ein Haus zeigt seine wahre Stärke nicht an sonnigen Tagen. Wenn die Vögel singen, die Fenster weit geöffnet sind und Licht durch die Räume tanzt, scheint jedes Haus stabil.

Doch erst, wenn der Himmel sich verdunkelt, wenn Regen gegen die Scheiben prasselt, wenn der Wind an den Türen rüttelt, zeigt sich:

Wie fest ist das Fundament wirklich?

So ist es auch mit deinem Selbstwert. Solange dich Menschen loben, solange das Leben dich freundlich anlächelt, glaubst du: „Ich stehe sicher."

Doch wenn Kritik kommt, wenn jemand dich missversteht, wenn Schweigen schwerer wiegt als Worte – dann spürst du, ob dein inneres Haus wirklich trägt. Manche Häuser haben Risse im Fundament. Jeder Tritt lässt sie erbeben. Andere haben Dächer, die undicht sind – schon ein Tropfen reicht, um die ganze Stille zu durchbrechen. Und wieder andere stehen so nah am Abgrund, dass ein einziger Sturm sie ins Wanken bringt. Aber: Ein Haus kann renoviert werden.

Risse lassen sich mit Liebe füllen. Ein Dach kann neu gedeckt, eine Wand neu gestrichen werden.

Und jedes Haus, das auf wackligen Füßen stand, kann zu einem Zuhause werden, das selbst den heftigsten Winter übersteht.

Dein Selbstwert ist kein Palast aus Stein, der für immer unveränderbar ist. Er ist ein lebendiges Haus, das du pflegen, reparieren, heilen darfst.

Und wenn der nächste Sturm kommt – und er wird kommen – wirst du spüren: Diesmal bleibe ich stehen.

Affirmationen

Ich bin mehr als meine Fehler.

Mein Wert ist nicht verhandelbar.

Ich darf mich selbst wählen – jeden Tag.

Ich bin genug, so wie ich bin.

Ich trage meinen Wert in mir, nicht in den Augen anderer.

Und vielleicht brauchen wir keine großen Sätze, sondern ein kleines Flüstern. Worte, die wir uns selbst zuflüstern, wenn wir uns verloren fühlen:

„Ich bin hier."
„Ich bin genug."
„Ich darf wachsen."
„Ich darf Fehler machen und trotzdem wertvoll sein."
„Ich bin sichtbar."
„Ich bin unverhandelbar."

Solche Flüstern sind wie Samen. Leise, unscheinbar – bis sie eines Tages Wurzeln schlagen.

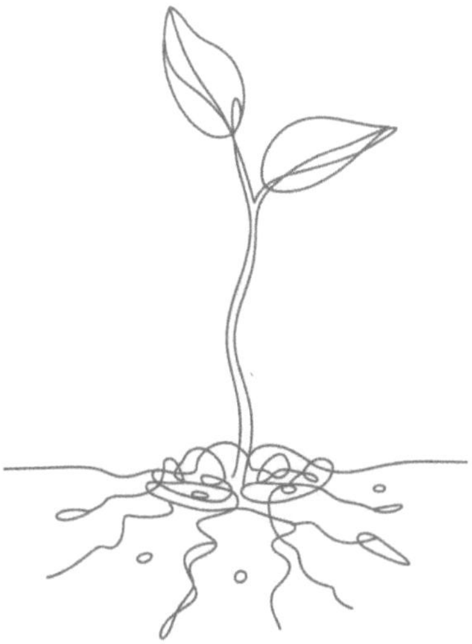

Kapitel 2

Die Geschichten, die wir uns erzählen – Wenn innere Narrative zu Wahrheiten werden

Der Spiegel, der mehr zeigt als mein Gesicht

Ich schaue in den Spiegel
und sehe mehr als mein Gesicht.
Ich sehe Worte,
die andere über mich gesagt haben.
Fehler, die ich nicht verzeihen konnte.
Etiketten, die ich nie abgezogen habe.
Heute sehe ich tiefer.
Ich bin mehr als mein Bild.
Ich bin die Geschichte, die ich bereit bin,
neu zu schreiben.

Es gibt Sätze,
die haben sich in mich hineingeschrieben,
ohne dass ich es gemerkt habe.
Manche kamen leise,
fast wie ein Flüstern.
Andere schlugen ein wie ein Donnerschlag.
„Du bist zu empfindlich."
„Das schaffst du nie."
„So bist du eben."
Ich habe sie gehört,
so oft,
dass sie sich wie meine eigene Stimme anhörten.
Und irgendwann habe ich vergessen,
wo sie herkamen.
Habe sie getragen
wie ein Kleidungsstück,
das nicht zu mir passt,
aber von dem ich glaubte,
es gehöre zu mir.
Heute spüre ich,
dass sie schwer sind.
Zu schwer,
um sie noch länger mitzunehmen.
Vielleicht ist es Zeit,
die Geschichten umzuschreiben.
Nicht die Vergangenheit –
aber die Bedeutung,
die sie für mich hat.

DER ALTE KOFFER

Dieser Koffer begleitet mich, seit ich denken kann.
Doch vieles darin gehört gar nicht mir.
Zeit, ihn zu öffnen.

Wenn du diesen Koffer öffnest, werden dir vermutlich Aussagen wie „Du bist zu laut.", „Das kannst du nicht.", „Reiß dich zusammen.", „Du bist nicht schön genug." oder „Du bist nicht intelligent genug." entgegenkommen.

Es ist wichtig diese Gedanken loszulassen. Es sind nur Aussagen, die andere über dich getroffen haben, es ist nicht deine Realität.

Eine Kritik kann ein ganzes Leben lähmen

Wie kann es sein, dass ein einziger Moment, eine einzige Bemerkung, unser ganzes Leben prägt? Wie wird aus der Aussage einer fremden Person eine Wahrheit über uns selbst?

Wir sind nicht unsere Geschichten. Wir sind die Autoren unserer Geschichten. Und wir haben es in der Hand, wie wir uns selbst wahrnehmen.

Wir alle tragen Geschichten über uns selbst mit uns herum. Manche sind so alt, dass wir vergessen haben, wann sie entstanden sind.
„Ich bin nicht kreativ." „Ich bin schlecht zu Menschen." „Ich bringe nie etwas zu Ende."
Diese Sätze fühlen sich an wie unumstößliche Wahrheiten, dabei sind sie oft nicht mehr als Interpretationen einzelner Ereignisse.
Als Kind hatte ich einmal ein Bild gemalt: Ein Haus mit einem schiefen Schornstein und Blumen, die eher wie grüne Stöcke aussahen. Mein Bruder lachte und sagte: „Das sieht ja furchtbar aus!"
Ich malte nie wieder.

Nicht, weil ich nicht malen konnte, sondern weil in diesem Moment die Geschichte „Ich bin nicht kreativ" geboren wurde.

Jahre später, als Erwachsene, meldete ich mich für einen Malkurs an. Meine Hände zitterten, als ich den Pinsel zum ersten Mal wieder hielt. Aber das Bild, das entstand, war schön. Nicht perfekt, aber schön.
Und plötzlich verstand ich: Die Geschichte, die ich mir dreißig Jahre lang erzählt hatte, war nie wahr gewesen.

Herzenstipp

Schönheit liegt nicht in der Perfektion, sondern im Mut zu beginnen.

Die Geschichten, die uns frei machen

In der Bibliothek deines Geistes stehen unzählige Bände. Manche sind alt und verstaubt, ihre Seiten vergilbt von den Jahren. Andere sind neu, mit frischer Tinte geschrieben. Alle erzählen sie eine Geschichte über dich – aber nicht alle sind wahr.

Diese innere Bibliothek ist über Jahre gewachsen. Jede Bemerkung, die du je über dich gehört hast, jeder Blick, den du interpretiert hast, jede Situation, aus der du Schlüsse über dich gezogen hast – sie alle haben einen Eintrag hinterlassen. „Du bist zu laut", steht in einem Band. „Du kannst das nicht", in einem anderen. „So wie du bist, reicht es nicht", verkündet ein besonders dicker Wälzer, der viel zu viel Platz einnimmt.

Das Problem ist: Du hast nicht alle diese Bücher selbst geschrieben. Viele davon sind Übersetzungen – manchmal schlechte Übersetzungen – von dem, was andere über dich gedacht oder gesagt haben. Manche sind sogar Fälschungen, entstanden aus Missverständnissen, Projektionen oder den eigenen Unsicherheiten anderer Menschen.

Der entscheidende Moment in deiner Entwicklung kommt, wenn du realisierst, dass du nicht nur Leserin dieser Bibliothek bist, sondern auch ihre Kuratorin. Du hast das Recht – nein, die Verantwortung – zu entscheiden, welche Bücher bleiben dürfen und welche aussortiert werden müssen. Du hast die Macht, neue Geschichten zu schreiben, die der Wahrheit über dich näherkommen.

Dieser Prozess ist nicht einfach. Manche Geschichten haben sich so tief in dein Bewusstsein eingebrannt, dass sie wie Tatsachen erscheinen. „Ich bin nicht kreativ" fühlt sich nicht wie eine Geschichte an, sondern wie eine unumstößliche Realität. Doch wenn du beginnst, genauer hinzuschauen, entdeckst du die Bruchstellen in der Erzählung. Du erinnerst dich an Momente der Kreativität, an Lösungen, die du gefunden hast, an Ideen, die du hattest. Die Geschichte beginnt zu wanken.

Das Umschreiben alter Narrativa erfordert Mut. Es bedeutet, die Sicherheit vertrauter, wenn auch schädlicher Überzeugungen aufzugeben für die Unsicherheit neuer, heilsamerer Geschichten. Es ist wie das Verlassen eines maroden, aber bekannten Hauses für ein neues, noch unvertrautes Zuhause. Der Prozess geschieht nicht über Nacht. Manchmal schreibst du ein neues Kapitel über dich, nur um am nächsten Tag wieder in die alte Geschichte zurückzufallen. Das ist normal. Neue Überzeugungen brauchen Zeit, um Wurzeln zu schlagen. Sie müssen sich bewähren in verschiedenen Situationen, sie müssen getestet und bestätigt werden, bevor sie sich dauerhaft etablieren. Aber mit jedem Tag, an dem du die neuen Geschichten lebst, werden sie ein bisschen wahrer. Mit jeder Situation, in der du dich entsprechend der neuen Narrative verhältst, verstärkst du sie. Du wirst zur lebenden Verkörperung deiner neuen, selbst geschriebenen Geschichte.

Die schönste Erkenntnis in diesem Prozess ist: Du warst nie wirklich die Person, die in den alten, schädlichen Geschichten beschrieben wurde. Du warst schon immer die Person, die du in den neuen, heilsamen Geschichten entdeckst. Du deckst dich nicht neu auf – du legst dich frei.

Die Geschichten, die dich wirklich frei machen, sind nicht die perfekten, makellosen Erzählungen. Es sind die ehrlichen, die menschlichen, die, die deine Komplexität und deine Widersprüche umfassen. Sie erzählen nicht von einem fehlerfreien Helden, sondern von einem echten Menschen, der lernt, wächst, fällt und wieder aufsteht. Diese Geschichten sind nicht nur wahrer – sie sind auch viel interessanter.

Perfekt sein heißt,
sich in eine Form zu pressen.
Doch wahre Schönheit liegt
im Überlaufen der Ränder.

Geschichten umschreiben

Wir können nicht ändern, was uns gesagt wurde. Aber wir können ändern, was wir daraus machen.

Der Satz
„Du bist zu empfindlich" kann zu „Ich fühle tief – und das ist eine Stärke" werden.

„Du musst dich mehr anstrengen" kann sich verwandeln in „Ich darf meinen eigenen Rhythmus finden."

„So, wie du bist, reicht es nicht" darf leuchten als „Ich bin genug, weil ich bin."

Geschichten sind nicht in Stein gemeißelt. Sie sind Tinte auf Papier – und Tinte kann überschrieben werden.

Vielleicht bleiben Reste sichtbar, wie alte Linien unter einem neuen Bild. Doch gerade das macht es schön: Es zeigt, dass wir gewachsen sind.

Reflexion

Was flüstere ich mir über mich,
Jahr um Jahr,
bis es sich anhört wie Wahrheit—
obwohl es vielleicht nur
das Echo fremder Stimmen ist?

Wahrheit oder Interpretation?

Der menschliche Geist ist ein Geschichtenerzähler. Er kann nicht anders, als aus jedem Ereignis eine Bedeutung zu machen, eine Erklärung zu finden.

Unser Verstand liebt Geschichten mehr als die Wahrheit. Das Problem ist nur: Diese Erklärungen sind oft falsch. Ein abgelehntes Bewerbungsgespräch wird schnell zur inneren Wahrheit: „Ich bin nicht gut genug." Obwohl der wahre Grund vielleicht ganz woanders lag: Überqualifikation, Budget, Teamstruktur. Die einfachste Erklärung ist oft selbstzerstörerisch.

Diese Art des Denkens nennt die Psychologie „kognitive Verzerrungen". Wir neigen dazu, negative Ereignisse zu personalisieren („Es liegt an mir"), zu verallgemeinern („Das passiert mir immer") und zu dramatisieren („Das ist eine Katastrophe").

Unsere größten Feinde sind nicht die Fakten, sondern unsere Interpretationen.

Die Stimmen der anderen

Nicht alle unsere Geschichten erfinden wir selbst. Viele übernehmen wir von anderen: von Eltern, Lehrern, Freunden, Geschwistern. Wir erben nicht nur Gene, sondern auch Glaubenssätze. Diese Menschen haben ihre eigenen Geschichten, ihre eigenen Ängste und Verletzungen, und manchmal projizieren sie diese auf uns. Doch diese Überzeugung ist nicht deine Wahrheit, sie ist eine übernommene Angst. Die Angst vor Ablehnung, vor dem Urteil anderer, stammt oft nicht aus dir selbst, sondern aus den Erfahrungen und Unsicherheiten derer, die dich geprägt haben.

Die stillsten Überzeugungen sind oft die lautesten Stimmen in unserem Leben. Deine Lebendigkeit ist kein Problem. Die Angst anderer ist nicht deine Verantwortung. Es ist nicht deine Aufgabe, dich kleiner zu machen, damit andere sich wohler fühlen.
Es ist deine Aufgabe, deinen Raum einzunehmen und dich nicht für dein Leuchten zu entschuldigen.

Die gefährlichsten Geschichten sind die, die wir uns heimlich erzählen. Die, die wir nie laut aussprechen würden, die aber trotzdem unser Verhalten steuern.
„Ich verdiene kein Glück." „Menschen verlassen mich sowieso." „Erfolg ist nur Glück." „Ich bin ein Hochstapler."

Unsere geheimen Gedanken werden zu unseren sichtbaren Grenzen. Manchmal sind wir unsere härtesten Kritiker und gleichzeitig unsere ungnädigsten Richter. Diese stillen Überzeugungen sind wie unsichtbare Fesseln. Sie halten uns davon ab, Risiken einzugehen, uns zu bewerben, Liebe zuzulassen oder unsere Träume zu verfolgen.

Vielleicht ertappst du dich dabei, wie du bei jeder Beförderung denkst: „Die haben sich geirrt. Bald merken sie, dass ich gar nicht so kompetent bin." Das Hochstapler-Syndrom in Reinform.

Der Wendepunkt beginnt in dem Moment, in dem du beginnst, deine inneren Geschichten zu hinterfragen. Nicht indem du sie verdrängst oder kleinredest, sondern indem du sie mit der Haltung einer neugierigen Beobachterin oder eines aufmerksamen Reporters betrachtest.

Stelle dir bewusst folgende Fragen:

Woher kommt dieser Gedanke?
Wer hat mir das zum ersten Mal gesagt?
Welche Beweise sprechen dafür und welche dagegen?

Vielleicht glaubst du, du seist nicht gut mit Menschen, nicht kreativ, nicht belastbar. Aber wenn du genau hinsiehst, entdeckst du: Du hast bereits unzählige Beweise dafür gesammelt, dass diese Geschichte nicht stimmt. Manchmal liegt der stärkste Gegenbeweis gegen deine Selbstzweifel in deinem gelebten Leben.
Vielleicht bist du gar nicht unsozial, sondern einfach introvertiert. Vielleicht brauchst du nur andere Rahmenbedingungen, um aufzublühen. Der Schlüssel liegt darin, den Ursprung deiner Überzeugungen zu erkennen und sie dann ehrlich neu zu bewerten.

Die tägliche Praxis

Alte Gedanken sind wie alte Kleider, sie passen oft nicht mehr zu dem, der wir geworden sind.

Wenn du beginnst, deine eigenen Geschichten zu hinterfragen, wirst du auch die Geschichten anderer Menschen mit anderen Ohren hören. Wenn jemand sagt: „Ich bin einfach nicht der Typ für sowas." oder „Das könnte ich nie.", dann hörst du vielleicht keine feststehende Wahrheit – sondern eine alte Geschichte. Eine Geschichte, die irgendwann begonnen hat und vielleicht nie geprüft wurde. In jedem „Ich kann nicht" steckt oft ein „Ich habe es noch nicht versucht."

Du kannst dir selbst oder anderen dann eine kraftvolle Frage stellen:

Woher weiß ich das?
Wann habe ich das zum ersten Mal geglaubt?

Allein diese Fragen können etwas in Bewegung setzen. Ein Moment des Innehaltens. Ein kurzes Zögern.
Und genau da entsteht Raum für eine neue Geschichte, für eine neue Sicht auf dich selbst.

Das Ende ist der Anfang

Die Geschichten, die du dir über dich selbst erzählst, sind nicht in Stein gemeißelt. Sie sind lebendig, wandelbar und du hast das Recht, sie zu verändern. Du bist der Autor deines Lebens, auch wenn du das manchmal vergisst.

Die wichtigste Frage ist nicht: „Welche Geschichte ist wahr?"

Sondern:

„Welche Geschichte dient mir?"
„Welche Geschichte lässt mich wachsen, lieben, leben?"

Denn die hilfreichste Geschichte ist oft die heilsamste. Du kannst deine Geschichte umschreiben. Nicht die Fakten deiner Vergangenheit, aber die Bedeutung, die du ihnen gibst. In der Neubewertung liegt deine größte Kraft, denn dort beginnt Veränderung. Dort beginnt Freiheit.

Neue Geschichten schreiben

Das Schöne an Geschichten ist: Wir können sie umschreiben. Nicht die Vergangenheit, aber die *Bedeutung*, die wir ihr geben.

Du kannst deine Vergangenheit nicht ändern, aber du kannst ihre Macht über dich brechen.

Aus „Ich bin nicht kreativ" kann „Ich entdecke meine Kreativität neu" werden. Aus „Ich bin zu sensibel" wird „Meine Sensibilität ist meine Superkraft." Aus „Ich schaffe nie etwas zu Ende" wurde „Ich lerne, meine Projekte bewusst zu wählen und zu vollenden." Diese neuen Geschichten fühlten sich zunächst fremd an, wie ein Kleidungsstück, das noch nicht richtig sitzt. Aber je öfter ich sie mir erzählte, je mehr ich nach Beweisen für sie suchte, desto wahrer wurden sie.

Affirmationen

Ich schreibe meine
Geschichte neu.

Alte Worte definieren
mich nicht mehr.

Ich bin frei,
meinen Blick zu verändern.

Ich entscheide,
welche Sätze bleiben dürfen.

Meine Vergangenheit ist ein Kapitel,
nicht das ganze Buch.

Ich entlasse die Stimmen,
die mich kleiner machen.
Mein Maßstab bin ich.

Kapitel 3
Das Perfektionismus-Paradox

Der Horizont, der nie näher kommt

Ich rannte.
Immer weiter. Immer schneller.
Mit dem Ziel vor Augen: endlich gut genug zu sein.
Doch je näher ich kam,
desto weiter entfernte es sich.
Wie ein Horizont,
der mir jedes Mal entglitt, sobald ich glaubte, ihn erreicht zu haben.
Das ist das Paradox des Perfektionismus:
Du jagst einem Ideal hinterher,
das sich jedes Mal neu definiert, sobald du es fast erreicht hast.
Und während du weiterläufst,
verlierst du das, was längst genügt hätte:
Dich selbst.

Perfektion gleicht einem Horizont. Je näher wir ihm kommen, desto weiter entfernt er sich. Wir rennen, wir jagen, wir schwitzen – und doch bleibt er immer ein Stück voraus. Manche Menschen verbringen ihr ganzes Leben damit, diesen Horizont erreichen zu wollen. Am Ende merken sie, dass sie die Blumen am Wegesrand nie gesehen haben. Vielleicht geht es nicht darum, den Horizont zu erreichen. Vielleicht geht es darum, innezuhalten – und die Schönheit des Weges wahrzunehmen.

Es ist ein grausamer Widerspruch: Je mehr du nach Perfektion strebst, desto unvollkommener fühlst du dich. Je höher du die Messlatte legst, desto öfter scheiterst du daran. Je makelloser du sein willst, desto mehr Makel entdeckst du an dir. Das ist das Perfektionismus-Paradox: Ein System, das dir verspricht, dich besser werden zu lassen, aber in Wahrheit deinen Selbstwert systematisch zerstört.

Perfektionismus ist kein harmloses Streben nach Exzellenz. Er ist ein psychologisches Gefängnis, dessen Gitterstäbe aus unmöglichen Standards, endloser Selbstkritik und der quälenden Angst vor Fehlern bestehen. Die Insassen dieses Gefängnisses sind oft die talentiertesten, fleißigsten und erfolgreichsten Menschen ... aber auch die unglücklichsten. Vielleicht zählst du dich selbst dazu.

Das Paradox liegt in der Logik des Perfektionismus selbst: Du definierst deinen Wert über das Erreichen unerreichbarer Standards. Doch weil diese Standards per Definition nicht erreichbar sind, führt Perfektionismus zwangsläufig zu dem Gefühl, versagt zu haben. Es ist, als würdest du versuchen, den Horizont zu erreichen – je näher du kommst, desto weiter entfernt er sich.

Die Welt braucht keine makellosen Menschen.
Sie braucht Menschen,
die sich trauen, unvollkommen zu leuchten.

Wenn „gut genug“ nie gut genug ist

Für dich als Perfektionistin gibt es oft nur zwei Kategorien: perfekt oder wertlos. Dazwischen scheint nichts zu existieren. Eine Präsentation, die zu 95 % gelungen ist, wird für dich zur kompletten Katastrophe, einzig und allein wegen der 5 % Makel. Ein Abend mit Freunden fühlt sich für dich misslungen an, weil ein einziger Moment nicht optimal verlief. Ein Projekt, das andere brillant finden, wird für dich zur Quelle der Scham, weil es nicht deinen eigenen, unerreichbaren Standards entspricht.

Diese Schwarz-Weiß-Denkweise raubt deinem Leben die Freude. Du feierst deine Erfolge nicht, sondern zerlegst sie sofort, um herauszufinden, was noch besser hätte sein können. Komplimente wehrst du ab, weil du sofort an deine eigenen Unzulänglichkeiten denkst. Selbst Lob erscheint dir verdächtig, als hätten die anderen einfach nicht erkannt, was wirklich schief lief.

Das Tragische daran: Du bringst oft außergewöhnliche Leistungen, aber du kannst sie nicht genießen. Du lebst in einem ständigen Zustand der Unzufriedenheit, weil du deine Erfolge durch eine Brille betrachtest, die nur die Mängel vergrößert. Es ist, als wärst du ein Kunstkritiker, der vor einem Meisterwerk steht und nur den einen Pinselstrich sieht, der deiner Meinung nach fehlt.

Diese Haltung ist besonders zerstörerisch, weil sie sich selbst verstärkt. Jedes Mal, wenn „gut genug" für dich nicht ausreicht, legst du die Messlatte noch höher. Was dir gestern noch als perfekt erschien, ist heute nur noch Mittelmaß. So entsteht ein Teufelskreis, der dich niemals zur echten Zufriedenheit führen kann.

Ich bin nicht hier, um perfekt zu sein.
Ich bin hier, um echt zu sein.

Perfektionismus als Schutzschild

Auf den ersten Blick scheint Perfektionismus eine Stärke zu sein. Ein Zeichen hoher Standards und Ehrgeiz. Doch in der Tiefe entpuppt er sich oft als Verteidigungsmechanismus, ein raffiniertes Schutzschild gegen die tieferliegenden Ängste vor Ablehnung, Kritik und dem Gefühl, nicht liebenswert zu sein.

Die Logik des perfektionistischen Schutzschilds ist verführerisch einfach: „Wenn ich perfekt bin, kann mich niemand kritisieren. Wenn ich perfekt bin, muss mich jeder lieben. Wenn ich perfekt bin, bin ich sicher." Es ist der verzweifelte Versuch, Kontrolle über die unkontrollierbare menschliche Reaktion auf uns zu gewinnen. Dieser Schutz kommt jedoch zu einem enormen Preis. Perfektionismus macht uns starr und ängstlich. Statt uns zu befreien, fesselt er uns an unmögliche Erwartungen. Statt uns zu stärken, macht er uns verletzlicher, weil unser gesamter Selbstwert von der Erfüllung unerreichbarer Standards abhängt.

Das Schutzschild des Perfektionismus ist außerdem durchlässig: Es schützt dich vor den Urteilen anderer, aber verstärkt gleichzeitig dein eigenes inneres Gericht. Wir werden zu unseren härtesten Kritikern, zu Richtern, die niemals ein positives Urteil fällen. Die Stimme, vor der du dich am meisten fürchtest, ist nicht die der anderen, sondern deine eigene.

Die Befreiung vom goldenen Käfig

Perfektionismus ist ein goldener Käfig. Von außen betrachtet sieht er schön aus, glänzend und erstrebenswert. Menschen bewundern ihn, loben seine Schönheit, beneiden sogar diejenigen, die darin leben. Aber nur wer drinnen ist, weiß, dass es trotz allem ein Käfig ist – mit unsichtbaren Stäben aus unmöglichen Erwartungen und einem Schloss aus der Angst vor dem Scheitern.

In diesem Käfig zu leben bedeutet, ständig unter Beobachtung zu stehen. Nicht nur von außen, sondern vor allem von der schärfsten aller Kritikerinnen: dir selbst. Jede Bewegung wird überwacht, jede Handlung bewertet, jedes Ergebnis seziert. Es gibt keine Pause, keine Momente der Unachtsamkeit, keine Erlaubnis zur Unvollkommenheit.

Der goldene Käfig verspricht Sicherheit: „Wenn du perfekt bist, kann dir niemand etwas anhaben." Aber diese Sicherheit ist eine Illusion. Denn Perfektion ist nicht nur unerreichbar – sie ist auch bewegungslos. In dem Versuch, jeden Fehler zu vermeiden, vermeidest du auch jedes Risiko, jede Spontaneität, jede echte Lebendigkeit.

Die Bewohner des goldenen Käfigs entwickeln mit der Zeit eine besondere Art der Blindheit. Sie sehen nur noch das, was fehlt, nie das, was da ist. Ein zu 95% gelungenes Projekt wird zur Katastrophe wegen der 5% Unvollkommenheit. Eine schöne Begegnung wird überschattet von dem einen unbedachten Wort. Ein erfolgreiches Jahr wird zunichtegemacht durch die wenigen Momente des Versagens. Diese selektive Wahrnehmung wird zur Qual. Du lebst in einem Universum der Mängel, obwohl um dich herum Fülle herrscht. Du sammelst Beweise gegen dich selbst, während du die Beweise für deine Kompetenz, deine Liebenswertigkeit, deine Menschlichkeit übersiehst.

Der Ausbruch aus diesem Käfig beginnt mit einer erschreckenden Erkenntnis: Die Stäbe sind nur so stark, wie du sie machst. Die Angst vor Imperfektion hat dich gefangen gehalten, aber diese Angst basiert auf falschen Prämissen. Die Welt geht nicht unter, wenn du Fehler machst. Menschen hören nicht auf, dich zu lieben, weil du menschlich bist. Dein Wert hängt nicht von deiner Makellosigkeit ab.

Der erste Schritt zur Befreiung ist paradoxerweise ein bewusster Akt der Unvollkommenheit. Du musst dich trauen, etwas zu tun, von dem du weißt, dass es nicht perfekt sein wird. Du musst lernen, dass „gut genug" tatsächlich gut genug ist – manchmal sogar besser als perfekt, weil es authentisch, menschlich und erreichbar ist.

Diese Befreiung ist ein gradueller Prozess. Du wirst nicht von einem Tag auf den anderen vom Perfektionisten zum entspannten Menschen. Aber mit jedem bewussten Akt der Unvollkommenheit, mit jeder Situation, in der du „gut genug" akzeptierst, mit jedem Moment, in dem du dich für deine Menschlichkeit entscheidest statt für deine Makellosigkeit, wird der Käfig ein bisschen größer, die Stäbe ein bisschen dünner.

Irgendwann merkst du, dass du den Käfig verlassen kannst, wann immer du willst. Und dann, eines Tages, tust du es. Du gehst hinaus in eine Welt, die unvollkommen und chaotisch und wunderschön ist. Du entdeckst, dass deine Unvollkommenheiten nicht deine Schwächen sind, sondern deine Charakterzüge. Du lernst, dass authentisch zu sein viel erfüllender ist als perfekt zu sein.

Die Befreiung vom goldenen Käfig bedeutet nicht, dass du nachlässig oder anspruchslos wirst. Es bedeutet, dass du lernst, zwischen Exzellenz und Perfektion zu unterscheiden. Exzellenz ist menschlich, erreichbar und erfüllend. Perfektion ist unmenschlich, unerreichbar und letztendlich zerstörerisch.

In deiner neuen Freiheit entdeckst du eine erstaunliche Wahrheit: Die Menschen, die dich wirklich lieben und schätzen, tun das nicht wegen deiner Perfektion. Sie tun es wegen deiner Echtheit, deiner Verletzlichkeit, deiner wunderschönen, chaotischen Menschlichkeit.

Besonders heimtückisch wird es, wenn der Perfektionismus beginnt, unser Handeln zu lähmen. Aus Angst vor unvollkommenen Ergebnissen verschieben wir Projekte, vermeiden Herausforderungen oder geben auf, bevor wir überhaupt angefangen haben. Das Schutzschild wird zur Falle, die uns von den Erfahrungen abhält, die uns wachsen lassen könnten.
Überlege dir:

Welchen Schmerz willst du vermeiden, wenn du perfekt bist?

In Japan gibt es eine Kunst, zerbrochene Schalen mit Gold zu reparieren: Kintsugi.

Was zerbrach, wird nicht versteckt, sondern leuchtet nun in goldenen Adern.
Auch wir tragen Brüche, Risse, Narben.
Der Perfektionismus will sie übermalen, uns makellos machen. Doch die Wahrheit ist: Es sind gerade die Bruchlinien, die uns einzigartig machen.
Unsere Verletzungen sind keine Makel, sie sind Landkarten. Sie zeigen, wo wir gefallen und wieder aufgestanden sind.

Wer seine Brüche annimmt, verwandelt sich – nicht in etwas Makelloses, sondern in etwas Kostbares.

Ich habe so lange nach Perfektion gestrebt, dass ich vergessen habe, wofür ich überhaupt angefangen habe.

Vielleicht ist der eine Makel genau das, was mich menschlich macht.

Perfektion hat mir Schutz versprochen – und mich einsam gemacht.

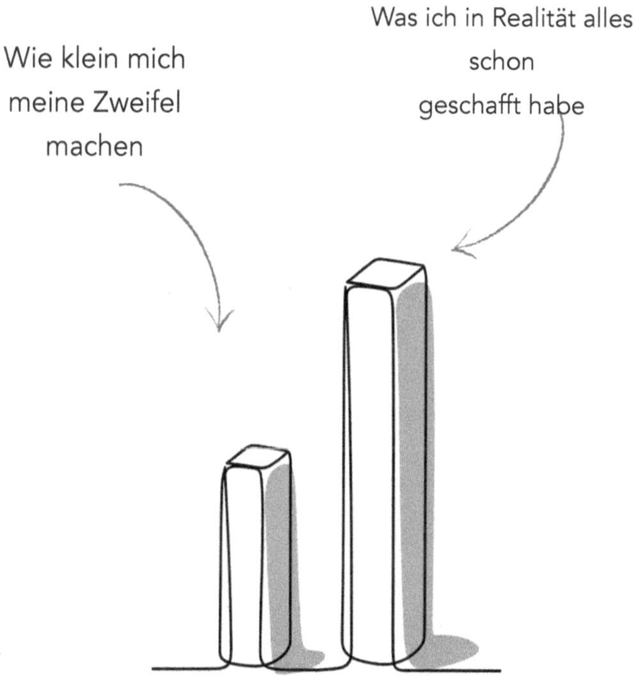

Die Angst vor dem Scheitern überwinden

Im Herzen des Perfektionismus liegt eine existenzielle Angst: die Angst vor dem Scheitern. Nicht vor dem Scheitern an sich, sondern vor dem, was das Scheitern über uns aussagen könnte. „Wenn ich scheitere, bin ich ein Versager. Wenn ich Fehler mache, bin ich fehlerhaft. Wenn ich nicht perfekt bin, bin ich wertlos."

Diese Gleichsetzung von Handlung und Identität ist der Kern des Problems. Du hast gelernt zu glauben, dass das, was du tust, bestimmt, wer du bist. Ein schlechtes Ergebnis lässt dich denken, du seist ein schlechter Mensch. Ein Fehler scheint dich in deinen Augen zu einem fehlerhaften Wesen zu machen. Doch diese Logik ist nicht nur falsch, sie ist zutiefst destruktiv.

Deine Befreiung beginnt mit einer radikalen Neudefinition von Scheitern. Scheitern ist nicht das Gegenteil von Erfolg, es ist ein wesentlicher Bestandteil davon. Jeder große Erfolg steht auf einem Fundament aus vielen kleinen und großen Misserfolgen. Deine Fehler sind keine Beweise für deine Unzulänglichkeit, sondern Wegweiser für dein persönliches Wachstum.

Diese neue Sichtweise erfordert Mut. Es bedeutet, dich bewusst in Situationen zu begeben, in denen Perfektion unerreichbar ist. Es bedeutet, Dinge auszuprobieren, ohne zu wissen, wie sie ausgehen werden. Und es bedeutet, zu lernen, dass dein Wert nicht davon abhängt, ob du erfolgreich bist, sondern davon, dass du es versuchst.

Ein kraftvoller Schritt auf diesem Weg ist, bewusst kleine „Experimente im Scheitern" zu wagen: Ein Hobby anzufangen, in dem du Anfänger bist. Ein Risiko einzugehen, obwohl du den Ausgang nicht kontrollieren kannst. Eine Meinung auszusprechen, obwohl sie noch nicht perfekt formuliert ist. Diese bewussten Akte der Unperfektion zeigen dir, dass die Welt nicht untergeht, wenn du nicht makellos bist.

Der Weg zur befreienden Unperfektion

Die Überwindung deines Perfektionismus ist – paradoxerweise – selbst ein unvollkommener Prozess. Es gibt keinen perfekten Weg, um Perfektionismus loszuwerden. Diese Erkenntnis kann für den Teil in dir frustrierend sein, der immer noch nach der einen richtigen Methode sucht. Aber sie kann auch befreiend sein, vor allem für den Teil in dir, der endlich aufatmen möchte.

Ein wichtiger Schritt auf diesem Weg ist es, deine inneren Standards zu verschieben: von „perfekt" zu „gut genug" ... und schließlich zu „menschlich". Das heißt nicht, dass du deine Ansprüche aufgeben oder nachlässig werden sollst. Es bedeutet vielmehr, realistische Erwartungen zu entwickeln und zu erkennen, dass Exzellenz und Perfektion zwei völlig verschiedene Dinge sind.

Exzellenz heißt: Du gibst dein Bestes, im Rahmen dessen, was gerade möglich ist. Du berücksichtigst deine menschlichen Grenzen, deine verfügbare Zeit, Energie und die äußeren Umstände. Perfektion hingegen ignoriert all das, sie lässt keinen Raum für Fehler, keine Rücksicht auf dich als Menschen.

Exzellenz heißt: Du gibst dein Bestes, im Rahmen dessen, was gerade möglich ist. Du berücksichtigst deine menschlichen Grenzen, deine verfügbare Zeit, Energie und die äußeren Umstände. Perfektion hingegen ignoriert all das, sie lässt keinen Raum für Fehler, keine Rücksicht auf dich als Menschen.

Herzenstipp

Was dir helfen kann, ist die Praxis der konstruktiven Unzufriedenheit: Statt Dinge als entweder „perfekt" oder „völlig misslungen" zu bewerten, kannst du lernen zu sagen: „Das war gut – und beim nächsten Mal kann ich es an dieser Stelle noch verbessern." Diese Haltung erlaubt dir, stolz auf deine Leistung zu sein und gleichzeitig offen für Wachstum zu bleiben.

Reflexion

Vervollständige gedanklich folgende Aussagen:

Ich habe gelernt, dass mein Wert nicht von … abhängt.

Wenn ich heute nicht perfekt sein müsste, würde ich …

Ich messe meinen Wert oft an …

Wenn ich Fehler mache, denke ich meistens …

Wenn ich mir erlauben würde, unperfekt zu sein, würde ich …

Die Schönheit des Menschlichen

Am Ende deiner Reise weg vom Perfektionismus wartet eine überraschende Entdeckung:

Unvollkommenheit ist nicht nur erträglich, sie ist sogar schön!

Die Risse in der japanischen Kintsugi-Kunst werden mit Gold gefüllt, um die Schönheit von Bruch und Heilung zu feiern. Genauso sind auch deine „Makel" keine Fehler, die du verstecken musst – sie sind Zeichen deiner Lebendigkeit, deiner Einzigartigkeit, deiner Menschlichkeit. Ein Leben jenseits des Perfektionismus ist ein Leben in Farbe. Kein Leben mehr in Schwarz-Weiß. Es ist ein Leben, in dem du experimentieren darfst, in dem Spontaneität Raum hat, in dem echte Verbindungen möglich werden. Denn oft sind es gerade deine Unvollkommenheiten, die dich für andere nahbar, berührbar und liebenswert machen.

Die größte Ironie des Perfektionismus ist, dass er dir genau das raubt, was er dir zu geben verspricht: Anerkennung und Liebe. Menschen verbinden sich nicht mit deiner Perfektion, sie verbinden sich mit deiner Echtheit, deiner Verletzlichkeit, deiner Bereitschaft, einfach Mensch zu sein.

Das Perfektionismus-Paradox löst sich in dem Moment auf, in dem du erkennst: Dein Wert liegt nicht in deiner Makellosigkeit, sondern in deiner Menschlichkeit. Du bist nicht trotz deiner Unvollkommenheit wertvoll. Du bist wegen deiner Unvollkommenheit wertvoll. Diese Erkenntnis ist der Schlüssel zu einem Leben im Frieden mit dir selbst.

Rezptidee für inneren Frieden

◊ 2 Messlöffel Mut, es unperfekt zu versuchen
◊ 1 großzügige Handvoll Selbstmitgefühl
◊ 3 Prisen „Das reicht so"
◊ 1 Tasse Erlaubnis, Fehler machen zu dürfen
◊ Ein ordentlicher Schuss Humor – gegen innere Kritiker
◊ Ein Spritzer Nachsicht (besonders für Rückfälle)
◊ Etwas Weichheit – statt harter Urteile
◊ Optional: Ein Klecks Trotz – für alle „Ich sollte eigentlich…"-Momente

Affirmationen

Mein Wert hängt nicht von Leistung ab.
Ich muss nichts beweisen, um zu sein.

Ich habe Jahre gebraucht, um zu verstehen:
Niemand erinnert sich an meine Fehler so lange, wie ich es tue.

Vielleicht bin ich gar nicht auf der Suche nach Perfektion, sondern nach Liebe. Und das eine hat mit dem anderen nichts zu tun.

Kapitel 4
Die Comparison-Trap

Niemand trägt die Maske ohne Grund. Doch irgendwann wird sie schwer – und das Gewicht dahinter wird größer als die Fassade davor.

Manchmal reicht ein einziger Blick
auf das Leben eines anderen,
und plötzlich fühlt sich meines
zu klein an.
Ein Foto.
Ein Lächeln.
Ein perfekter Moment – eingefroren.
Und ich vergesse,
dass ich nur eine Schauseite sehe.
Dass dahinter
vielleicht dieselbe Leere wohnt
wie manchmal in mir.
Neid sticht,
aber vielleicht zeigt er nur,
wohin ich mich sehne.

Die endlose Spirale des Vergleichens

Wir leben in einer Zeit, in der wir täglich Hunderte von Momentaufnahmen fremder Leben konsumieren. Ein Scroll durch Instagram, ein Blick auf LinkedIn, ein kurzer Check bei Facebook: Und schon sind wir mittendrin in der Comparison-Trap, der Vergleichsfalle, die uns das Gefühl gibt, dass alle anderen erfolgreicher, glücklicher und erfüllter leben als wir selbst.

Diese digitale Schaufensterwelt hat etwas Magisches an sich: Sie zeigt perfekt inszenierte Ausschnitte aus Leben, die niemals die ganze Wahrheit erzählen, und doch nehmen wir sie als Maßstab für unser eigenes Dasein. Der Influencer mit seinem makellosen Lifestyle, die Kollegin mit ihrer scheinbar perfekten Work-Life-Balance, der Schulfreund mit seinem Traumhaus. Sie alle werden zu stillen Richtern über unser eigenes Leben.

Social Media ist der Katalysator unserer Vergleichskultur geworden. Algorithmen sorgen dafür, dass wir immer wieder mit den Erfolgsgeschichten anderer konfrontiert werden, während unsere eigenen Niederlagen und alltäglichen Kämpfe unsichtbar bleiben. Diese asymmetrische Realität schafft eine Illusion: Wir vergleichen unser unzensiertes, echtes Leben mit den Highlight-Reels anderer.

Die Psychologie dahinter ist brutal effektiv. Unser

Gehirn ist darauf programmiert, nach sozialer Einordnung zu suchen: Wo stehen wir im Vergleich zu anderen? Diese evolutionäre Funktion, die einst unserem Überleben diente, wird heute zu einer Quelle permanenter Unzufriedenheit. Denn die Messlatte wird täglich neu gesetzt, immer höher, immer unerreichbarer. Besonders perfide wird es, wenn wir beginnen, unseren Selbstwert an Likes, Kommentaren und digitaler Aufmerksamkeit zu messen. Dann wird aus passivem Konsum aktive Selbstvermarktung, und der Vergleichswahn wird zur Selbstausbeutung. Wir erschaffen unsere eigenen Highlight-Reels und vergessen dabei, dass auch wir nur einen winzigen Ausschnitt unserer Realität zeigen.

Unsere Zeit will uns zu Projekten machen - immer optimierbar, verbesserbar, messbar. Social Media verstärkt diese Illusion: Wir werden zu lebenden Statistiken aus Likes, Followern und Erfolgsmetriken. Aber du bist kein Projekt. Du bist ein Gedicht, das bereits vollständig ist. Du bist ein Kunstwerk in dem Moment, wo du atmest, nicht erst, wenn du ‚fertig optimiert' bist. Die radikalste Form des Widerstands gegen diese Kultur ist zu sagen: Ich bin schon genug.

Es ist, als liefen wir durch eine Galerie. An den Wänden hängen Bilder von Gesichtern – alle schön ausgeleuchtet, alle sorgfältig gerahmt. Doch was wir nicht sehen: die Bilder, die nie aufgehängt wurden. Die Schattenseiten, die unsichtbar bleiben.

In dieser Galerie vergessen wir leicht, dass hinter jedem Bild ein Mensch steht. Mit Sorgenfalten, mit wunden Stellen, mit ganz gewöhnlicher Müdigkeit. Die Galerie zeigt die Schauseite – nie das Gewicht dahinter.

Neid als Wegweiser zu eigenen Wünschen

Doch hier liegt ein unerwarteter Schatz verborgen: Neid, so unangenehm er sich auch anfühlt, kann dein wertvollster Kompass sein. Er zeigt dir mit schmerzhafter Klarheit, was du dir wirklich wünschst, was dir fehlt, wonach du dich sehnst. Statt ihn als negative Emotion abzutun, kannst du ihn als Landkarte deiner eigenen Träume lesen.

Wenn der Erfolg einer anderen Person dich sticht, dann ist das kein Zeichen deiner Kleinlichkeit, es ist ein Signal deiner Seele. Der Neid auf die Weltreise der Freundin verrät dir vielleicht deine Sehnsucht nach Abenteuer. Die Eifersucht auf die berufliche Anerkennung des Kollegen könnte dir zeigen, dass du selbst nach Wertschätzung hungerst. Der schmerzende Blick auf das scheinbar perfekte Familienleben anderer könnte dir deinen eigenen Wunsch nach Verbindung und Geborgenheit offenbaren.

Diese emotionale Archäologie erfordert Mut. Es bedeutet, genau hinzuschauen, wenn es wehtut, und zu fragen: Was genau macht mich neidisch? Ist es das Geld, die Freiheit, die Anerkennung, die Liebe? Und dann der entscheidende nächste Schritt: Wie kann ich diese Sehnsucht in meinem eigenen Leben stillen, auf meine eigene, authentische Weise?

Der Unterschied zwischen Inspiration und Selbstsabotage

Hier liegt die Kunst: zu unterscheiden zwischen dem, was dich inspiriert und vorwärtsbringt, und dem, was dich lähmt und klein macht. Inspiration fühlt sich expansiv an. Sie öffnet Möglichkeiten, weckt Energie, lässt uns träumen und planen. Selbstsabotage fühlt sich hemmend an. Sie macht dich klein, lässt dich zweifeln, raubt dir den Mut.

Wahre Inspiration durch andere entsteht, wenn du ihre Erfolge als Beweis dafür siehst, was möglich ist, nicht als Beweis dafür, was dir fehlt. Sie flüstert uns zu: „Wenn sie es kann, dann kannst du es vielleicht auch, auf deine eigene Art." Selbstsabotage hingegen schreit: „Sie ist besser als du, du wirst es nie schaffen, du bist nicht genug."

Der Schlüssel liegt darin, bewusst zu wählen, welche Stimme du verstärkst. Das bedeutet manchmal, bestimmte Accounts zu entfolgen, die dich regelmäßig klein fühlen lassen. Es bedeutet, Grenzen zu ziehen zwischen gesunder Neugier und toxischem Stalking fremder Leben. Es bedeutet vor allem, deinen eigenen Maßstab zu entwickeln für das, was für dich ein erfülltes Leben ausmacht.

Die Comparison-Trap ist real und mächtig, aber sie ist nicht unüberwindbar. Sie verlangt von dir, dass du lernst, deine eigene Geschichte zu schätzen, mit all ihren Wendungen, Rückschlägen und nicht glamourösen Momenten. Sie fordert uns auf, aus Konsumenten fremder Erfolge zu Schöpfern unserer eigenen Erfüllung zu werden.
Denn am Ende des Tages ist das einzige Leben, das wir wirklich leben können, unser eigenes. Und das verdient unsere volle Aufmerksamkeit. Nicht als Vergleichsobjekt, sondern als Kunstwerk in Entstehung.

Vergleiche sind Strudel.
Sie ziehen mich hinab,
immer tiefer,
bis ich kaum noch weiß,
wo oben und unten ist.
Sie rauben mir den Atem,
flüstern mir ein,
dass ich langsamer, kleiner,
schwächer bist als die anderen.
Doch in Wahrheit –
konnte ich schon immer schwimmen.
Ich habe nur vergessen,
dass das Wasser auch trägt.

Der Ausstieg aus dem Vergleichskarussell

Das Vergleichskarussell dreht sich unaufhörlich, und wir alle sind irgendwann einmal darauf gesprungen. Es ist ein faszinierendes, buntes Spektakel: Da ist die Freundin mit dem perfekten Instagram-Leben, der Kollege mit der steilen Karriere, die Nachbarin mit dem makellosen Haus, der Schulfreund mit der Bilderbuchfamilie. Runde um Runde schauen wir zu anderen hinüber, vergleichen, bewerten, finden uns selbst zu kurz gekommen.

Dieses Karussell hat eine tückische Eigenschaft: Es wird mit jedem Blick nach außen schneller. Je mehr wir vergleichen, desto schwindliger werden wir. Je öfter wir schauen, was andere haben, desto weniger sehen wir, was wir selbst besitzen. Das Karussell dreht sich so schnell, dass unser eigenes Leben zu einem Verschwimmen wird – wir können unsere eigenen Erfolge, unsere eigene Schönheit, unsere eigenen Fortschritte nicht mehr scharf erkennen.

Das Perfide an diesem Karussell ist, dass es uns eine Illusion von Objektivität vorgaukelt. Wir glauben, wir würden neutrale Vergleiche anstellen, aber in Wahrheit ist unser Blick hochselektiv verzerrt. Wir vergleichen unser ungefilterte Innenleben mit den kuratierten Außendarstellungen anderer. Wir vergleichen unsere Schwächen mit ihren Stärken. Wir vergleichen unsere Anfänge mit ihren Höhepunkten.

Besonders grausam wird es, wenn wir anfangen, uns nicht nur mit Menschen aus unserem direkten Umfeld zu vergleichen, sondern mit den scheinbar perfekten Leben, die uns soziale Medien präsentieren. Diese digitalen Schaufenster zeigen uns eine Welt, die nicht existiert – eine Welt ohne schlechte Tage, ohne Misserfolge, ohne die alltäglichen Kämpfe des Menschseins. Und dennoch nehmen wir diese Illusion als Maßstab für unser eigenes, ungeschöntes Leben. Das Karussell füttert sich selbst: Mit jedem Vergleich, der uns schlechter dastehen lässt, wächst unser Bedürfnis zu kompensieren, zu beweisen, zu glänzen. Wir beginnen, unser eigenes Leben zu inszenieren, um mit den anderen mithalten zu können. Aus authentischen Menschen werden Darsteller in einem Theaterstück, in dem niemand weiß, wer das Publikum ist.

Der Ausstieg aus diesem Karussell erfordert einen Akt des bewussten Innehaltens. Du musst dich entscheiden, abzusteigen, auch wenn das Karussell noch dreht, auch wenn andere noch darauf sind, auch wenn du Angst hast, etwas zu verpassen. Du musst bereit sein, eine Weile schwindlig zu sein, während du dein Gleichgewicht wiederfindest. Dieser Ausstieg beginnt mit einer radikalen Entscheidung: Du hörst auf, dich als Konkurrenzprodukt zu betrachten. Du bist kein Smartphone, bei dem es darum geht, ob du die neueste Version, die meisten Features oder das schönste Design hast. Du bist ein Mensch mit einer einzigartigen Geschichte, einzigartigen Erfahrungen und einem einzigartigen Beitrag zur Welt. Wenn du vom Karussell absteigst und festen Boden unter den Füßen spürst, entdeckst du etwas Wundervolles: Dein eigenes Leben ist interessant genug. Deine eigenen Herausforderungen sind bedeutsam genug. Deine eigenen Erfolge sind wertvoll genug. Du brauchst nicht ständig zu schauen, was andere tun, um zu wissen, ob du auf dem richtigen Weg bist.

Diese neue Perspektive ist befreiend, aber auch herausfordernd. Ohne die ständige externe Validierung musst du lernen, deine eigenen Erfolge zu erkennen und zu schätzen. Ohne den permanenten Vergleich musst du deine eigenen Maßstäbe entwickeln für das, was ein erfülltes Leben ausmacht. Der größte Gewinn des Ausstiegs ist die Rückkehr zu dir selbst. Du beginnst wieder, deine eigenen Träume zu träumen, nicht die Träume, die du bei anderen bewundert hast. Du fängst an, deine eigenen Ziele zu verfolgen, nicht die Ziele, von denen du denkst, sie würden dich in den Augen anderer wertvoller machen. Das bedeutet nicht, dass du aufhörst, von anderen zu lernen oder dich inspirieren zu lassen. Aber du tust es von einem Ort der Fülle aus, nicht der Mangel. Du schaust zu anderen, um zu sehen, was möglich ist, nicht um zu sehen, was dir fehlt.

Aufgabe: Social-Media-Satire

Ziel: Bewusse Wahrnehmung, wie sehr Social Media verzerrt und wie du dich davon distanzieren kannst.

Anleitung:

- Scroll bewusst.
- Öffne Instagram, TikTok oder Pinterest.
- Schau dir für 60 Sekunden bewusst (!) die ersten 10 Bilder/Videos an.
- Halte kurz inne bei einem Post, der Neid oder Minderwert bei dir auslöst.
- Stoppe & hinterfrage.
- Frag dich bei dem Post:

  Was zeigt diese Person?

  Was könnte sie NICHT zeigen?

  Was davon ist wahrscheinlich gestellt, bearbeitet, geplant?
- Realitäts-Check:
- Lies den Satz laut oder schreib ihn auf:

  „Ich sehe nicht das echte Leben. Ich sehe, was jemand ausgewählt hat, um es zu zeigen."
- Kontrast-Aufgabe:

  Fotografiere einen echten Moment aus deinem Tag, der nicht perfekt ist … aber echt.

  Speichere ihn nur für dich.

Erinnere dich:

Du siehst keine Wahrheit.
Du siehst, was gezeigt werden will.
Filter, Winkel, Momentaufnahmen.
Auch sie zweifeln.
Auch sie kämpfen.
Sie posten nur nicht darüber.

Affirmationen

Mein Weg ist einzigartig.

Ich vergleiche mich nur mit meinem Gestern.

Was andere zeigen, sagt nichts über meinen Wert.

Ich bin reich an dem, was mich erfüllt.

Ich bin genug – auch ohne Vergleich.

Kapitel 5

Grenzen:

Die Kunst des Nein-Sagens

Die Befreiung durch Grenzen

*Erst wenn du lernst, **Nein** zu sagen, wird dein **Ja** zu etwas Kostbarem.*

Ein Ja ohne die Möglichkeit des Nein ist kein Ja - es ist Gehorsam. Grenzen machen uns nicht ärmer - sie machen unser Leben reicher, authentischer, wahrhaftiger. Sie sind nicht Mauern, die andere ausschließen, sondern Türen, die wir bewusst öffnen können für die Menschen und Erfahrungen, die uns wirklich nähren.

Kennst du das Gefühl, wenn du erschöpft nach Hause kommst und dich fragst, warum du schon wieder „Ja" gesagt hast, obwohl jede Faser deines Körpers „Nein" geschrien hat? Du hast der Kollegin bei ihrem Projekt geholfen, dem Nachbarn die Katze gefüttert und spontan als Babysitter ausgeholfen. Du konntest nicht ablehnen ... wie immer. Doch während du da sitzt und die Müdigkeit in deinen Knochen spürst, wird dir klar: Du hast dich selbst verloren in dem Versuch, es allen recht zu machen.

Diese Szene wiederholt sich täglich in unzähligen Variationen. Wenn du deinen Selbstwert über die Zufriedenheit anderer definierst, gerätst du in einen Kreislauf des People-Pleasing, der dich langsam aber sicher ausbrennt. Doch was steckt wirklich hinter diesem Verhalten, und wie kannst du lernen, gesunde Grenzen zu ziehen, ohne dich selbst zu verraten?

Ein Nein zu dir ist oft ein Ja zu mir.
Ich bin nicht unfreundlich, ich bin endlich ehrlich.
Grenzen setzen heißt nicht, andere abzulehnen, sondern sich selbst anzuerkennen.
Wer mich nur mag, wenn ich funktioniere, mag mich nicht, sondern meinen Gehorsam.
Ich darf wichtig sein. Auch für mich.
Ich bin nicht verantwortlich für die Enttäuschung anderer, wenn ich mich selbst ernst nehme.
Nicht alles, was ich leisten kann, muss ich leisten.
Ich lasse los, dass mich alle mögen müssen.
Meine Energie ist endlich – meine Würde nicht.
Ein echtes Ja entsteht nur dort, wo auch ein Nein möglich ist.

People-Pleasing und seine Kosten

People-Pleasing ist mehr als nur Hilfsbereitschaft. Es ist eine tiefverwurzelte Überlebensstrategie. Oft entsteht sie in der Kindheit, wenn du lernst, dass Liebe und Anerkennung an dein Wohlverhalten geknüpft sind. Das Kind, das nur gelobt wird, wenn es brav ist, entwickelt die Überzeugung, dass sein Wert davon abhängt, andere glücklich zu machen. Diese Programmierung setzt sich bis ins Erwachsenenleben fort.

Als People-Pleaser lebst du in einem Zustand permanenter Alarmbereitschaft. Jede Situation wird unbewusst gescannt: Wie kannst du dich verhalten, damit der andere zufrieden ist? Was erwartet er von dir? Diese ständige Außenorientierung kostet enorme Energie. Wie ein Chamäleon veränderst du deine Farbe je nach Umgebung, doch dabei verlierst du deine eigene Identität.

Die Kosten sind verheerend. Körperlich manifestiert sich der Dauerstress in Kopfschmerzen, Magenproblemen und chronischer Erschöpfung. Emotional entsteht ein Gefühl der Leere, denn deine eigenen Bedürfnisse werden so lange ignoriert, bis du sie kaum noch wahrnehmen kannst. Beziehungen leiden unter der Oberflächlichkeit, denn wie kannst du authentische Nähe zulassen, wenn du nicht einmal weißt, wer du wirklich bist?

Paradoxerweise erreichst du oft das Gegenteil dessen, was du anstrebst. Statt geschätzt zu werden, wirst du als selbstverständlich hingenommen. Menschen respektieren unbewusst diejenigen mehr, die klare Grenzen haben. Als ewiger Jasager wirst du zur Projektionsfläche für alle möglichen Aufgaben und Erwartungen, während deine eigenen Bedürfnisse unsichtbar bleiben.

Gesunde Grenzen als Selbstschutz

Grenzen sind keine Mauern, die dich von anderen trennen, sie sind Zäune mit Toren, die du bewusst öffnen und schließen kannst. Sie definieren, wo du aufhörst und der andere anfängt. Ohne Grenzen bist du wie ein Haus ohne Türen: jeder kann ungefragt eintreten und sich bedienen.

Der erste Schritt zur Grenzziehung ist die Selbstwahrnehmung. Viele People-Pleaser haben verlernt, ihre eigenen Grenzen zu spüren. Du musst wieder lernen, auf die leisen Signale deines Körpers zu hören: das Ziehen im Magen, wenn eine Bitte zu viel ist, die Anspannung in den Schultern, wenn eine Situation unangenehm wird. Diese körperlichen Reaktionen sind wichtige Warnsignale, die dir helfen, deine Grenzen zu identifizieren.

Eine gesunde Grenze beginnt mit einem klaren „Nein" zu dir selbst. Nicht jede Bitte muss erfüllt, nicht jede Einladung angenommen werden. Es ist erlaubt, Zeit für dich zu beanspruchen, eigene Interessen zu verfolgen und Bedürfnisse zu haben. Diese Selbsterlaubnis ist der Grundstein für alle weiteren Grenzen. Grenzen sind auch Ausdruck von Selbstrespekt. Wenn du deine eigenen Bedürfnisse ernst nimmst, signalisierst du anderen, dass sie dies auch tun sollten. Menschen,

Authentisch sein ohne sich zu verbiegen

Authentizität ist nicht dasselbe wie Rücksichtslosigkeit. Es geht nicht darum, ungefiltert alles herauszulassen, was dir durch den Kopf geht. Wahre Authentizität bedeutet, ehrlich zu dir selbst zu sein und diese Ehrlichkeit respektvoll nach außen zu tragen.

Als authentischer Mensch kennst du deine Werte und richtest dein Handeln danach aus. Du sagst „Ja" zu Dingen, die dir wichtig sind, und „Nein" zu solchen, die deiner Integrität widersprechen. Diese Kongruenz zwischen inneren Überzeugungen und äußerem Verhalten schafft eine natürliche Ausstrahlung und Autorität.

Authentizität erfordert Selbstkenntnis. Wer bist du wirklich, wenn du nicht versuchst, anderen zu gefallen? Was sind deine echten Interessen, Träume und Ängste? Diese Fragen zu beantworten, ist ein lebenslanger Prozess der Selbstentdeckung. Es bedeutet, dich mit deinen eigenen Schattenseiten zu versöhnen und zu akzeptieren, dass du nicht perfekt sein musst.
Die Angst vor Ablehnung hält viele Menschen davon ab, authentisch zu sein. Du fürchtest vielleicht, dass deine wahre Persönlichkeit nicht liebenswert ist. Doch das Gegenteil ist der Fall: Erst wenn du dich traust, verletzlich und echt zu sein, können andere dich wirklich kennenlernen und schätzen. Oberflächliche Bezie

hungen, die auf einem falschen Selbst basieren, sind letztendlich unbefriedigend für alle Beteiligten.

Authentizität ist auch eine Frage der Kommunikation. Statt zu sagen: „Ich kann nicht“, wenn du eigentlich meinst: „Ich will nicht“, kannst du lernen, ehrlich zu sein: „Das entspricht nicht meinen Prioritäten“ oder „Dafür habe ich keine Zeit eingeplant“. Diese Klarheit mag zunächst ungewohnt sein, aber sie führt zu ehrlicheren und respektvolleren Beziehungen.

Der Weg zur Authentizität ist ein Prozess des Loslassens. Du musst loslassen von dem Bild, das andere von dir haben könnten, von der Illusion, es allen recht machen zu können, und von der Angst vor Konflikten. Stattdessen kannst du dich darauf konzentrieren, ein Leben zu führen, das deinen wahren Werten entspricht.

Es wird nicht einfach sein, aber es wird ehrlich sein. Und zum ersten Mal seit langem wirst du dich nicht mehr wie eine Marionette fühlen, sondern wie der Regisseur deines eigenen Lebens.

Grenzen zu ziehen ist keine Selbstsucht, sondern Selbstfürsorge. Es ist die Grundlage für ein Leben, das von innen heraus gelebt wird und nicht von den

Erwartungen anderer diktiert wird. Nur wenn du deine eigenen Grenzen kennst und respektierst, kannst du anderen mit echter Großzügigkeit begegnen – nicht aus Zwang, sondern aus freier Entscheidung.

Wenn du aufhörst, jemand anderes zu sein, gibst du anderen die Erlaubnis, sie selbst zu sein. Deine Authentizität ist ein stiller Auftrag an die Welt: ‚Du darfst auch echt sein.' Perfekte Menschen haben keine echten Freunde - sie haben Bewunderer. Denn Freundschaft entsteht in den verletzlichen Momenten, nicht in den makellosen. Wenn du deine Masken ablegst, ermutigst du andere, ihre auch abzulegen.

Die Architektur der Selbstachtung

Grenzen zu setzen ist wie Architektur für die Seele. Du entwirfst die Blaupause für ein Leben, in dem du dich sicher, respektiert und authentisch fühlen kannst. Diese unsichtbare Architektur bestimmt, wer Zugang zu deiner Energie hat, welche Behandlung du akzeptierst und wie du deine wertvollsten Ressourcen – deine Zeit, deine Aufmerksamkeit, deine Liebe – investierst.

Lange Zeit haben viele von uns in Häusern ohne Türen gelebt. Jeder konnte ungefragt eintreten, sich bedienen, Unordnung hinterlassen. Wir dachten, das sei Gastfreundschaft, aber in Wahrheit war es Selbstaufgabe. Wir haben unsere eigenen Bedürfnisse so weit hintenangestellt, dass wir vergessen haben, dass wir welche haben.

Das Design eines Lebens mit gesunden Grenzen beginnt mit einer grundlegenden Erkenntnis: Du bist nicht verantwortlich für die Gefühle, Reaktionen oder das Wohlbefinden aller anderen Menschen. Diese Erkenntnis kann zunächst beängstigend sein, weil sie eine Illusion von Kontrolle aufgibt, die du möglicherweise jahrzehntelang aufrechterhalten hast. Aber sie ist auch unglaublich befreiend, weil sie dich von einer unmöglichen Last befreit.

Die Architektur gesunder Grenzen umfasst verschiedene Räume. Da ist der öffentliche Bereich, zu dem jeder Zugang hat – deine professionelle Persona, deine höflichen gesellschaftlichen Interaktionen. Dann gibt es den halböffentlichen Bereich für Bekannte und Kollegen – freundlich, aber mit klaren Regeln. Weiter innen liegt der private Bereich für echte Freunde, wo Verletzlichkeit und Authentizität erlaubt sind. Und ganz im Zentrum ist der heilige Bereich, nur für dich und die allerengsten Menschen – ein Ort der absoluten Ehrlichkeit und Intimität.

Jeder dieser Räume hat seine eigenen Zugangsbedingungen. Nicht jeder, der Zugang zum öffentlichen Bereich hat, verdient automatisch Zugang zum privaten Bereich. Menschen müssen sich durch Respekt, Vertrauen und gegenseitige Wertschätzung den Zutritt zu intimeren Bereichen deines Lebens verdienen. Diese Aufteilung ist nicht elitär oder unfreundlich – sie ist gesund und notwendig.

Das Errichten dieser Grenzen ist oft mit Schuldgefühlen verbunden, besonders wenn du jahrelang ein „Ja-Sager" warst. Die Menschen um dich herum haben sich an deine grenzenlose Verfügbarkeit gewöhnt. Wenn du anfängst, „Nein" zu sagen, werden manche verwirrt, enttäuscht oder sogar ärgerlich sein. Das ist normal und kein Grund, deine Grenzen wieder aufzugeben.

Interessant ist, dass die Menschen, die am heftigsten gegen deine neuen Grenzen protestieren, oft diejenigen sind, die am meisten von deiner vorherigen Grenzlosigkeit profitiert haben. Ihre Reaktion ist ein Indikator dafür, dass deine Grenzen notwendig waren. Menschen, die dich wirklich schätzen und respektieren, werden deine Grenzen möglicherweise sogar bewundern und sich dadurch ermutigt fühlen, ihre eigenen zu stärken.

Das Setzen von Grenzen ist auch ein Akt der Kommunikation mit dir selbst. Jedes Mal, wenn du „Nein" zu etwas sagst, was dir nicht guttut, sagst du „Ja" zu dir selbst. Du signalisierst deinem Unterbewusstsein: „Ich bin wichtig. Meine Bedürfnisse zählen. Mein Wohlbefinden hat Priorität."

Diese inneren Botschaften verstärken sich mit der Zeit und werden zu einer neuen Identität. Die Architektur der Selbstachtung ist nie vollständig abgeschlossen. Lebenssituationen ändern sich, Beziehungen entwickeln sich, und manchmal müssen Grenzen neu justiert werden. Ein Raum, der einst privat war, wird vielleicht öffentlicher, oder umgekehrt. Das ist ein natürlicher Prozess der Anpassung und kein Zeichen von Inkonsistenz.

Mit der Zeit wirst du feststellen, dass Menschen, die deine Grenzen respektieren, auch tendentiell die

Menschen sind, mit denen du die erfüllendsten Beziehungen hast. Echte Verbindung entsteht nicht durch grenzenlose Verfügbarkeit, sondern durch bewusste, gewählte Nähe. Wenn du klar kommunizierst, was du brauchst und was du geben kannst, entstehen Beziehungen auf Augenhöhe, die beiden Seiten gut tun.

Die schönste Erkenntnis in diesem Prozess ist: Du musst nicht wählen zwischen Selbstachtung und liebevollen Beziehungen. Im Gegenteil – je mehr du dich selbst respektierst, desto mehr ziehst du Menschen an, die ebenfalls zu echtem Respekt fähig sind. Deine Grenzen werden nicht zu Mauern, die dich isolieren, sondern zu Türen, die bewusst geöffnet und geschlossen werden können.

Ich darf meine Energie schützen.
Grenzen sind ein Zeichen von Selbstliebe.
Ich entscheide, wer Zugang zu mir hat.
Meine Zeit gehört auch mir.

Aktivität: Die "Grenzliste"

Ich kümmere mich um mich selbst und nicht um die anderen.

Wofür ich nicht mehr zuständig bin

Schuldgefühle, wenn ich absage

Wie ich ab jetzt für mich und mein Wohlbefinden einstehe

Mein Nein ohne Erklärung

Kapitel 6

Selbstmitgefühl lernen

Stell dir vor, du hältst die Hand
eines Kindes.
Es stolpert, fällt hin, weint.
Du würdest es nicht anbrüllen,
du würdest es nicht verurteilen.
Du würdest es halten, trösten,
ihm beim Aufstehen helfen.

Warum also nicht auch dir selbst
so begegnen?

Die Kunst, sich selbst eine gute Freundin zu sein

Stell dir vor, du hättest eine Freundin, die dich jeden Tag kritisiert, deine Fehler aufzählt und dir ständig sagt, dass du nicht gut genug bist. Du würdest diese Freundschaft wahrscheinlich schnell beenden. Doch genau diese Freundin trägst du bereits in dir! Sie ist deine innere Kritikerin, und sie begleitet dich 24 Stunden am Tag, sieben Tage die Woche.

Selbstmitgefühl zu lernen bedeutet, eine neue Beziehung zu dir selbst aufzubauen. Es bedeutet, dir selbst mit der gleichen Güte zu begegnen, die du einem geliebten Menschen entgegenbringen würdest. Es ist die Kunst, sich selbst zu verzeihen, ohne die Verantwortung abzugeben, und sich selbst zu trösten, ohne in Selbstmitleid zu versinken.

Die innere Kritikerin

Diese innere Stimme hat eine lange Geschichte. Sie entstand oft in der Kindheit, als wir lernten, dass Perfektion Sicherheit bedeutet, dass Kritik uns vor Fehlern schützt, dass harte Selbstbeurteilung uns antreibt. Was damals vielleicht ein Überlebensmechanismus war, ist heute zu einem Gefängnis geworden.

Die innere Kritikerin glaubt, sie tue dir einen Gefallen. Sie meint, nur durch permanente Wachsamkeit und

Selbstgeißelung könntest du dich verbessern. Doch das Gegenteil ist der Fall: Ihre ständigen Angriffe lähmen dich, rauben dir die Energie und die Freude am Wachsen und Lernen.

Der erste Schritt ist, diese Stimme bewusst wahrzunehmen. Wie spricht sie mit dir? Welche Worte benutzt sie? Oft sind es Begriffe, die wir niemals einem anderen Menschen an den Kopf werfen würden: „Du bist so dumm", „Du schaffst das nie", „Du bist eine Versagerin".

Die Härte, mit der du dir selbst begegnest, würde uns bei anderen Menschen erschrecken.

Dann kommt die sanfte Revolution: Statt diese Stimme zu bekämpfen, kannst du ihr mit Neugier begegnen. „Ah, da ist sie wieder. Was versucht sie mir zu sagen? Wovor hat sie Angst?" Oft entdeckt man, dass hinter der Kritik eine Angst vor Ablehnung, vor Versagen, vor Nicht-genug-Sein steckt. Diese Angst braucht kein hartes Urteil, sondern Verständnis und Mitgefühl. Mit der Zeit kannst du lernen, der inneren Kritikerin eine neue Rolle zu geben. Statt als Richterin kann sie als Beraterin fungieren. Statt zu verdammen, kann sie konstruktive Hinweise geben. Statt zu lähmen, kann sie motivieren. „Das ist nicht gut gelaufen, aber was können wir beim nächsten Mal anders machen?" ist eine völlig andere Energie als „Du bist hoffnungslos".

Ich war meine härteste Richterin.
Schnell im Urteil,
langsam in der Vergebung.
Ich sprach mit mir,
wie ich niemals
mit jemand anderem sprechen würde.
Bis ich begriff:

Ich kann mir selbst
eine Freundin sein.

Nicht um mich zu entschuldigen,
sondern um mich zu halten,
wenn ich falle.

Fehler als Lernchancen begreifen

Unsere Kultur hat uns beigebracht, Fehler als Versagen zu sehen, als Beweis unserer Unzulänglichkeit. Doch was, wenn Fehler eigentlich Geschenke sind? Roadmaps zu deinem Wachstum? Türöffner zu neuen Möglichkeiten?

Ein Fehler ist zunächst einmal nur Information. Er sagt dir: „Hier ist eine Lücke zwischen dem, was du wolltest, und dem, was passiert ist." Diese Lücke ist kostbar, denn sie zeigt dir genau, wo du ansetzen kannst. Sie markiert den Punkt, an dem echtes Lernen beginnt. Die Neurowissenschaft bestätigt, was weise Menschen schon immer wussten: Unser Gehirn lernt am besten durch Fehler. Jeder Fehler aktiviert Lernprozesse, die bei erfolgreichen Handlungen gar nicht stattfinden. Fehler zwingen uns, innezuhalten, zu reflektieren, neue Wege zu suchen. Sie sind die Umwege, die uns oft zu den schönsten Aussichten führen.

Selbstmitgefühl verwandelt diese Fehler von Anklagen in Einladungen. Statt zu fragen „Warum bin ich so dumm?", kannst du fragen „Was kann ich daraus lernen?". Statt dich zu schämen, kannst du neugierig werden. Statt dich zu verstecken, kannst du den Mut fassen, es noch einmal zu versuchen: diesmal klüger, erfahrener, menschlicher.

Der Dialog mit dem inneren Kind

Tief in uns allen lebt ein inneres Kind, das sich nach Anerkennung, Sicherheit und Liebe sehnt. Dieses Kind trägt oft alte Verletzungen, unerfüllte Bedürfnisse und vergessene Träume in sich. Es ist der Teil von uns, der spontan und kreativ ist, aber auch verletzlich und ängstlich.

Der Dialog mit diesem inneren Kind ist einer der heilsamsten Aspekte des Selbstmitgefühls. Wenn du einen Fehler machst, wenn du dich schlecht fühlst, wenn du an dir zweifelst, kannst du dich fragen: „Was braucht mein inneres Kind gerade?" Oft ist die Antwort überraschend einfach: Trost, Verständnis, die Versicherung, dass alles okay ist.

Du kannst lernen, mit diesem Kind zu sprechen, wie du mit einem echten Kind sprechen würden, das Angst hat oder sich verletzt fühlt. Sanft, geduldig, liebevoll. „Ich weiß, das war schwer für dich. Du hast dein Bestes gegeben. Ich bin stolz auf dich, dass du es versucht hast." Diese Worte haben eine heilende Kraft, die weit über den Moment hinausreicht.

Das innere Kind braucht auch Ermutigung zum Spielen, zum Träumen, zum Risiko-eingehen. Es erinnert daran, dass das Leben nicht nur aus Pflichten und Perfektion besteht, sondern auch aus Freude, Neugier und Abenteuer. Wenn du ihm zuhörst, kannst du wieder Zugang zu deiner natürlichen Lebendigkeit finden.

Die radikale Praxis der Selbstliebe

Selbstmitgefühl ist keine Schwäche, sondern eine radikale Praxis. Es bedeutet, sich selbst als wertvoll zu betrachten, nicht wegen der eigenen Leistungen, sondern einfach, weil man existiert. Es bedeutet, sich selbst die Gnade zu gewähren, menschlich zu sein, das heißt unvollkommen, lernend und wachsend.

Diese Praxis verändert alles. Sie macht uns mutiger, weil wir wissen, dass Fehler uns nicht zerstören können. Sie macht uns freier, weil wir uns nicht mehr vor unserem eigenen Urteil fürchten müssen. Sie macht uns liebevoller, weil wir anderen nur das geben können, was wir auch uns selbst geben.

Der Weg zum Selbstmitgefühl ist ein sanfter Weg. Er erfordert Geduld, auch mit dem Prozess des Mitgefühllernens selbst. Er bedeutet, jeden Tag aufs Neue zu wählen, sich selbst eine gute Freundin zu sein, ein liebevolles Elternteil, ein weiser Mentor.

In einer Welt, die uns ständig sagt, wir seien nicht genug, ist Selbstmitgefühl ein Akt des Widerstands.

Es ist die Entscheidung, aus dem Hamsterrad der Selbstkritik auszusteigen und ein Leben zu führen, das von Liebe und nicht von Angst getragen wird.

Die Heilung der inneren Landschaft

In der Landschaft deiner Seele gibt es verschiedene Gebiete. Da sind die sonnigen Hügel der Freude, die grünen Täler der Zufriedenheit, aber auch die schroffen Berge des Schmerzes und die dunklen Wälder der Zweifel. Lange Zeit hast du vielleicht versucht, nur in den sonnigen Gebieten zu wandeln und die schwierigeren Landschaften zu meiden. Doch wahre Heilung und Ganzheit entstehen erst, wenn du lernst, liebevoll durch deine gesamte innere Landschaft zu reisen.

Selbstmitgefühl ist wie ein sanfter Regisseur, der dich auf dieser Reise begleitet. Er kennt alle Wege, auch die steinigen. Er hat Verständnis für deine Müdigkeit an steilen Anstiegen und Geduld mit deinem Schritt, wenn der Boden unsicher wird. Dieser innere Begleiter spricht nicht mit der scharfen Stimme des Kritikers, der jeden Fehltritt anprangert, sondern mit der sanften Stimme eines Freundes, der dich verstehen will.

Die dunklen Wälder deiner inneren Landschaft sind oft die Orte, an denen alte Verletzungen wohnen. Hier leben die Teile von dir, die als Kind nicht gesehen wurden, die Träume, die zerbrachen, die Enttäuschungen, die du nie wirklich verarbeitet hast. Diese Gebiete zu betreten erfordert Mut, aber auch unendliche Sanftheit zu dir selbst. Du gehst nicht mit dem Ziel hinein, alles sofort zu reparieren oder zu verändern, sondern zunächst nur, um zu verstehen und anzunehmen, was dort lebt.

In diesen Momenten der inneren Begegnung entdeckst du oft ein verletztes Kind in dir, das immer noch auf Trost wartet. Dieses Kind spricht nicht die rationale Sprache des Erwachsenen, sondern die emotionale Sprache der Bedürfnisse: nach Sicherheit, nach Verstanden-werden, nach der Gewissheit, dass es in Ordnung ist, so zu sein, wie es ist. Selbstmitgefühl bedeutet, diesem Kind die Aufmerksamkeit zu geben, die es braucht – nicht als psychologische Übung, sondern als Akt der Liebe.

Die Heilung dieser inneren Landschaft geschieht nicht durch drastische Eingriffe, sondern durch beständige, liebevolle Präsenz. Du lernst, dich selbst so zu behandeln, wie du einen geliebten Menschen behandeln würdest, der Schmerzen hat. Du würdest ihm nicht sagen „Stell dich nicht so an" oder „Du hättest es besser machen sollen". Du würdest ihm zuhören, ihn trösten, ihm versichern, dass der Schmerz vorübergehen wird und dass er nicht allein ist.

Diese Art der Selbstbehandlung ist für viele zunächst ungewohnt, manchmal sogar befremdlich. Wir sind so daran gewöhnt, streng mit uns selbst zu sein, dass Sanftheit sich falsch anfühlen kann. Es ist, als würden wir eine neue Sprache lernen – die Sprache der Selbstliebe. Wie bei jeder neuen Sprache braucht es Übung, bis sie fließend wird.

Ein wichtiger Aspekt dieser Heilungsreise ist die Unterscheidung zwischen Selbstmitgefühl und Selbstmitleid. Selbstmitleid hält dich gefangen in der Geschichte deines Schmerzes und macht dich zum Opfer deiner Umstände. Selbstmitgefühl anerkennt den Schmerz, aber es hält dich nicht davon ab, zu handeln und zu wachsen. Es sagt: „Das tut weh, und das ist verständlich. Jetzt lass uns schauen, wie wir dir helfen können."

Mit der Zeit verändert sich die Landschaft deiner Seele. Nicht weil die schwierigen Gebiete verschwinden – manche Narben bleiben lebenslang sichtbar – sondern weil du lernst, dich in allen Gebieten mit Würde zu bewegen. Die dunklen Wälder werden weniger bedrohlich, weil du weißt, wie du dich dort verhalten musst. Die steilen Berge werden weniger unüberwindlich, weil du gelernt hast, Pausen zu machen und dir selbst zu vergeben, wenn du nicht so schnell vorankommst wie erhofft.

Diese innere Transformation hat auch Auswirkungen auf deine äußeren Beziehungen. Wenn du lernst, mit deinen eigenen schwierigen Gefühlen mitfühlend umzugehen, entwickelst du automatisch mehr Verständnis für die Kämpfe anderer Menschen. Du wirst geduldiger, weniger verurteilend, mehr präsent für die Menschen, die dir wichtig sind.

Die Heilung der inneren Landschaft ist nie vollständig abgeschlossen – sie ist ein lebenslanger Prozess der liebevollen Aufmerksamkeit für dich selbst. Aber mit jedem Tag, an dem du übst, dich selbst wie einen geliebten Freund zu behandeln, wird diese Landschaft ein bisschen heimeliger, ein bisschen friedlicher, ein bisschen mehr zu einem Ort, an dem du gerne lebst.

[redacted]

Tief in mir lebt ein Kind,
das nur geliebt werden wollte.
Heute nehme ich es an die Hand und sage:
Du warst immer genug.
Du bist immer genug gewesen.
Und ich werde nie wieder vergessen,
dich zu sehen.

Kapitel 7

Die Macht der kleinen Schritte

Ich gehe langsam,
aber ich gehe,
und das reicht.

Wir leben in einer Welt der dramatischen Transformation. Überall begegnen uns Geschichten von Menschen, die ihr Leben über Nacht umgekrempelt haben, von radikalen Veränderungen und spektakulären Wendungen. Diese Erzählungen sind inspirierend, aber sie verzerren unsere Vorstellung davon, wie echter Wandel funktioniert.

Die Wahrheit ist weniger glamourös, aber umso kraftvoller: Nachhaltiger Wandel geschieht in winzig kleinen Schritten. Er entsteht nicht durch große Gesten, sondern durch die Summe unzähliger kleiner Entscheidungen, die wir Tag für Tag treffen. Jede kleine Handlung ist ein Tropfen, der irgendwann das Fass zum Überlaufen bringt oder besser gesagt, der unser Selbstbild langsam aber stetig verändert.

Die Macht der kleinen Schritte liegt in ihrer Nachhaltigkeit. Während große Veränderungen oft überwältigend wirken und uns zum Aufgeben verleiten, sind kleine Schritte so niederschwellig, dass wir fast nicht nein sagen können. Sie schleichen sich quasi in dein Leben ein und verwandeln es von innen heraus.

Selbstwirksamkeit durch Micro-Wins

Selbstwirksamkeit. Das Vertrauen in die eigene Fähigkeit, Herausforderungen zu meistern und Ziele zu erreichen ist das Fundament eines gesunden Selbstwerts. Doch wie baust du dieses Vertrauen auf, wenn du dich schwach und unfähig fühlst? Die Antwort liegt in den Micro-Wins, den kleinen Siegen, die so winzig erscheinen, dass wir sie oft übersehen. Ein Micro-Win ist jede kleine Handlung, die dir zeigt: „Ich kann etwas bewirken." Das kann das Aufräumen des Schreibtischs sein, ein zehnminütiger Spaziergang, ein Glas Wasser mehr als gestern, eine freundliche Nachricht an einen Freund, fünf Minuten Meditation oder das Lesen einer Seite in einem Buch. Diese Handlungen mögen trivial erscheinen, aber sie haben eine tiefgreifende psychologische Wirkung.

Jeder Micro-Win sendet eine Botschaft an unser Unterbewusstsein: „Du bist jemand, der Vorhaben in die Tat umsetzt." Diese Botschaft sammelt sich an, Schicht um Schicht, bis sie zu einer neuen Identität wird. Aus „Ich schaffe nie etwas" wird „Ich bin jemand, der seine Ziele erreicht", nicht durch eine einzige große Leistung, sondern durch hunderte kleine Beweise der eigenen Handlungsfähigkeit.

Das Geniale an Micro-Wins ist, dass sie praktisch ausfallsicher sind. Während wir bei großen Zielen oft scheitern und dann unser gesamtes Selbstvertrauen in Frage stellen, sind kleine Ziele so erreichbar, dass Erfolg fast garantiert ist. Jeder Erfolg, so klein er auch sein mag, verstärkt unser Gefühl der Selbstwirksamkeit und macht den nächsten Schritt wahrscheinlicher. Aktivität: Schreibe auf, welche Micro-Wins du diese Woche bereits hattest.

Affirmationen

Nicht der große Sprung verändert mich – sondern die Schritte, die niemand sieht.

Jeder Tag, an dem ich gehe, ist ein Tag, an dem ich nicht stehenbleibe.

Manchmal ist der kleinste Sieg der größte Beweis, dass ich weitermachen kann.

Gewohnheiten, die den Selbstwert stärken

Gewohnheiten sind die stillen Architekten unserer Persönlichkeit. Sie formen uns durch ihre tägliche Wiederholung mehr als jede bewusste Anstrengung. Wenn wir Gewohnheiten schaffen, die unseren Selbstwert stärken, dann programmieren wir unser Leben buchstäblich auf Erfolg um. Eine selbstwertsteigernde Gewohnheit muss nicht groß oder zeitaufwändig sein.

Es kann das tägliche Aufschreiben von drei Dingen sein, für die du dankbar bist. Es kann das morgendliche Kompliment vor dem Spiegel sein, auch wenn es sich anfangs seltsam anfühlt. Es kann die Gewohnheit sein, jeden Abend eine kleine Sache zu notieren, die du gut gemacht hast, deine persönliche Erfolgssammlung quasi.

Besonders kraftvoll sind Gewohnheiten, die dir zeigen, dass du für dich selbst sorgen kannst. Das kann eine feste Schlafenszeit sein, die dir signalisiert: „Meine Gesundheit ist mir wichtig." Es kann die Gewohnheit sein, das Bett zu machen, die dich jeden Morgen mit einem kleinen Erfolgserlebnis starten lässt. Es kann die tägliche Dusche sein, die dich daran erinnert: „Ich verdiene es, mich wohlzufühlen."

Diese Gewohnheiten wirken wie ein sanfter, aber beständiger Strom, der unser Selbstbild langsam in eine positive Richtung lenkt. Sie schaffen Beweise für unsere Selbstfürsorge und unsere Fähigkeit, Verantwortung für unser Wohlbefinden zu übernehmen. Mit der Zeit werden sie zu einem natürlichen Teil unserer Identität. Der Schlüssel liegt darin, mit einer einzigen, winzig kleinen Gewohnheit zu beginnen. Nicht mit fünf oder zehn auf einmal, sondern mit einer. Wenn diese zur Selbstverständlichkeit geworden ist, kannst du die nächste hinzufügen. So baust du dir langsam aber sicher ein Leben auf, das deinen Selbstwert täglich nährt.

Beziehungen und Beruf mit neuem Selbstwert

Wenn sich dein Selbstwert durch kleine Schritte und heilsame Gewohnheiten stabilisiert, beginnt sich ein faszinierender Prozess zu entfalten: Deine Beziehungen und dein Berufsleben verändern sich fast wie von selbst. Nicht durch dramatische Aktionen, sondern durch die subtile Verschiebung in der Art, wie wir uns in der Welt bewegen. In Beziehungen wirst du authentischer. Du hörst auf, dich zu verstellen, um anderen zu gefallen, weil du weißt, dass du auch so wertvoll bist. Du setzt sanft, aber bestimmt Grenzen, weil du verstehst, dass deine Bedürfnisse wichtig sind. Du kannst ehrlicher kommunizieren, weil du keine Angst mehr hast, durch Konflikte deinen Wert zu verlieren.

Diese Veränderung zieht oft Menschen an, die dich auf einer tieferen Ebene schätzen.

Gleichzeitig können sich manche bestehenden Beziehungen verändern oder sogar lösen, nicht durch Streit, sondern durch die natürliche Entwicklung, die entsteht, wenn du nicht mehr bereit bist, dich unter Wert zu verkaufen.

Im Beruf zeigt sich ein gestärkter Selbstwert oft in kleinen, aber bedeutsamen Veränderungen. Du meldest dich öfter zu Wort in Meetings, weil du weißt, dass deine Meinung wertvoll ist. Du nimmst Herausforderungen an, die du früher aus Angst vor dem Scheitern gemieden hättest. Du verhandelst selbstbewusster über Gehalt oder Arbeitsbedingungen, weil du deinen Wert kennst. Manchmal führt ein gestärkter Selbstwert zu größeren beruflichen Veränderungen – einem Jobwechsel, einer Weiterbildung oder sogar einem kompletten Karrierewechsel. Aber auch diese großen Schritte entstehen meist aus einer Vielzahl kleiner Erkenntnisse und mutiger Mikro-Entscheidungen.

Die unsichtbare Revolution

Was in diesem Prozess geschieht, ist eine stille Revolution. Von außen mag es aussehen, als hätte sich nicht viel verändert. Aber innerlich hat sich das gesamte

Fundament verschoben. Wo früher Angst und Selbstzweifel herrschten, wächst Vertrauen und Selbstsicherheit. Wo früher Perfektionismus lähmte, entsteht gesunde Risikobereitschaft. Diese innere Veränderung strahlt aus wie Wärme aus einem Kamin. Sie ist nicht aufdringlich oder laut, aber sie ist spürbar. Menschen reagieren anders auf uns, Chancen tun sich auf, die wir früher nicht gesehen oder nicht ergriffen hätten. Wir ziehen Situationen an, die zu unserem neuen Selbstbild passen.

Der Zauber der kleinen Schritte liegt darin, dass sie dir erlauben, dich selbst zu überraschen. Plötzlich stellst du fest, dass du mutiger bist, als du dachtest. Dass du mehr aushalten kannst, als du dir zugetraut hast. Dass du liebenswert bist, auch ohne perfekt zu sein.

Die Reise zu einem gesunden Selbstwert ist kein Sprint, sondern ein Marathon. Aber im Gegensatz zu einem Marathon wird dieser Weg mit jedem Schritt schöner. Du musst nicht warten, bis du das Ziel erreicht hast, um dich gut zu fühlen. Jeder kleine Schritt ist bereits ein Sieg, jede positive Gewohnheit bereits eine Belohnung, jeder Moment der Selbstakzeptanz bereits ein Geschenk an dich selbst.

Kapitel 8

Unverhandelbar!

Der Vertrag mit mir selbst

Es gibt einen Moment auf jeder Selbstwert-Reise, in dem eine fundamentale Entscheidung ansteht. Es ist der Moment, in dem du aufhörst, deinen Wert zur Verhandlung zu stellen. In dem du dir sagen wirst: „Das bin ich, und das ist unverhandelbar." Diese Entscheidung ist kein einmaliger Akt, sondern eine tägliche Wahl, die Wahl, dir selbst treu zu bleiben, auch wenn die Welt uns etwas anderes zu sein.

Unverhandelbar zu sein bedeutet nicht, starr oder unflexibel zu werden. Es bedeutet, ein klares Fundament zu haben, auf dem du stehst, während du gleichzeitig offen für Wachstum und Veränderung bleibst. Es ist die Unterscheidung zwischen dem, was du bist, und dem, was du tust, zwischen dem Kern und deinen Handlungen.

Diese Haltung verändert die Dynamik in deinem Leben grundlegend. Plötzlich verhandelst du nicht mehr über deine Grundbedürfnisse, deine Grenzen oder deinen Respekt. Diese Dinge werden zu Konstanten, um die herum sich alles andere arrangiert. Menschen spüren diese neue Energie und reagieren entsprechend: mit mehr Respekt, mehr Authentizität, mehr echter Verbindung.

Die tägliche Praxis des Selbstwerts

Selbstwert ist wie ein Muskel. Er braucht tägliches Training, um stark zu bleiben. Die gute Nachricht ist: Diese Praxis muss nicht zeitaufwändig oder kompliziert sein. Sie kann so einfach sein wie ein bewusster Atemzug am Morgen, verbunden mit dem Gedanken: „Ich bin genug, so wie ich bin."

Die tägliche Praxis beginnt oft schon beim Aufwachen. Statt sofort in den Kritik-Modus zu verfallen („Schon wieder zu spät", „Ich sehe schrecklich aus"), kannst du dich bewusst für einen freundlicheren inneren Dialog entscheiden. „Guten Morgen, meine Liebe. Wie geht es dir heute? Was brauchst du?" Diese einfache Veränderung im Selbstgespräch kann den gesamten Tag färben.

Eine kraftvolle tägliche Praxis ist das bewusste Sammeln von Beweisen für den eigenen Wert. Nicht die großen, spektakulären Erfolge, sondern die kleinen Momente der Menschlichkeit, der Freundlichkeit, der Kompetenz. „Heute habe ich einem Kollegen geholfen." „Ich habe ein Lächeln mit einem Fremden geteilt." „Ich habe mich um mich selbst gekümmert, als ich müde war." Diese Sammlung wird zu einem Schatz, aus dem wir in schwierigen Momenten schöpfen können.

Die Praxis umfasst auch das bewusste Nähren unseres Körpers, unseres Geistes und unserer Seele. Das kann ein gesundes Frühstück sein, das wir uns mit Liebe zubereiten. Es kann die tägliche Bewegung sein, die uns zeigt, dass unser Körper stark und fähig ist. Es können fünf Minuten Stille sein, in denen wir einfach nur atmen und existieren dürfen.

Besonders wichtig ist die Praxis der Selbstvergebung. Jeden Tag machen wir Fehler, treffen unkluge Entscheidungen oder fallen in alte Muster zurück. Die tägliche Praxis des Selbstwerts bedeutet, uns selbst immer wieder zu vergeben und neu anzufangen. „Das war nicht mein bester Moment, aber es definiert mich nicht. Morgen versuche ich es wieder."

Rückfälle als Teil des Prozesses

Hier kommt eine der wichtigsten Wahrheiten des Selbstwert-Aufbaus: Rückfälle sind nicht das Ende der Reise, sondern ein natürlicher Teil davon. Sie sind keine Beweise dafür, dass wir versagt haben, sondern Hinweise darauf, dass wir menschlich sind. Ein Rückfall kann sich anfühlen wie ein freier Fall zurück in die alten Muster des Selbstzweifels und der Selbstkritik. Plötzlich bist du wieder da, wo du angefangen hast oder so scheint es zumindest. Die innere Kritikerin meldet sich triumphierend zurück: „Siehst du? Ich habe dir doch gesagt, dass du dich nicht ändern kannst." Doch hier liegt eine der wertvollsten Lektionen: Ein Rückfall ist nicht das Ende unserer Entwicklung, sondern oft ihr Katalysator. Er zeigt, welche Bereiche noch Aufmerksamkeit brauchen, welche Trigger du vielleicht noch nicht erkannt hast, welche Heilung noch aussteht. Er ist wie ein Röntgenbild unserer Seele.

Der entscheidende Unterschied liegt in deiner Reaktion auf den Rückfall. Früher hättest du vielleicht aufgegeben, dich als hoffnungslos abgestempelt und die gesamte bisherige Arbeit als wertlos betrachtet. Mit einem gestärkten Selbstwert kannst du den Rückfall als das sehen, was er ist, nämlich eine vorübergehende Schwankung, nicht ein dauerhafter Zustand. Wir lernen, uns nach einem Rückfall nicht zu bestrafen, sondern zu fragen: „Was hat mich hierher gebracht? Was brauche ich jetzt? Wie kann ich mir helfen, wieder auf die Beine zu kommen?" Diese Fragen kommen aus einem Ort der Neugierde und Fürsorge, nicht aus einem Ort des Urteils.

Oft sind Rückfälle auch Zeichen dafür, dass du zu schnell oder zu hart mit dir warst. Sie können uns lehren, geduldiger mit unserem Prozess zu sein, realistischere Erwartungen zu haben und uns mehr Mitgefühl entgegenzubringen. In diesem Sinne sind sie nicht Hindernisse auf unserem Weg, sondern wichtige Lehrer.

Ein Leben in Eigenverantwortung

Mit der Zeit vollzieht sich eine subtile, aber fundamentale Verschiebung in deiner Lebenshaltung: Du übernimmst die volle Verantwortung für dein Leben. Nicht aus einem Ort der Selbstbestrafung heraus, sondern aus einem Ort der Ermächtigung. Du verstehst, dass du die Hauptautorin deiner Lebensgeschichte bist. Eigenverantwortung bedeutet nicht, dass du für alles verantwortlich bist, was uns passiert. Traumata, Verluste, ungerechte Behandlungen ... vieles davon liegt außerhalb unserer Kontrolle. Aber du bist verantwortlich für deine Reaktion darauf. Du bist verantwortlich dafür, wie du mit dem umgehst, was das Leben dir gibt.

Diese Haltung ist unglaublich befreiend. Sie bedeutet, dass du nicht mehr Opfer deiner Umstände bist, sondern Gestalter deines Lebens. Du wartest nicht mehr darauf, dass andere dich glücklich machen, dich anerkennen oder dich lieben. Du übernimmst diese Aufgaben selbst. Eigenverantwortung zeigt sich in den kleinen, täglichen Entscheidungen. Es ist die Entscheidung, dich gesund zu ernähren, weil du deinen Körper schätzt. Es ist die Entscheidung, toxische Beziehungen zu beenden, weil wir Frieden verdienen. Es ist die Entscheidung, deine Träume zu verfolgen, weil dein Leben kostbar ist.

Sie zeigt sich auch in der Art, wie du über dein Leben sprichst. Statt zu sagen „Mir passiert immer nur Schlechtes", kannst du sagen „Ich durchlebe eine schwierige Phase und suche nach Lösungen". Statt „Ich kann nicht anders", kannst du sagen „Ich wähle dies zu tun, auch wenn es schwer ist."

Diese Sprache der Eigenverantwortung ist nicht nur semantisch anders, sie verändert unser Gehirn. Sie programmiert uns auf Handlungsfähigkeit statt auf Hilflosigkeit, auf Lösungen, statt auf Probleme, auf Möglichkeiten, statt auf Beschränkungen.

Das Loslassen der Selbstverbesserung: Der tiefste Akt der Selbstliebe ist manchmal zu sagen: ‚Ich höre auf, an mir zu arbeiten. Ich fange an, mit mir zu leben.' Es gibt einen Unterschied zwischen gesundem Wachstum und zwanghafter Selbstoptimierung. Wachstum fließt aus Liebe, Optimierung aus Mangel. Wenn du dich unverhandelbar machst, sagst du nicht: ‚Ich bin perfekt.' Du sagst: ‚Ich bin menschlich - und das reicht.

Die Schönheit des authentischen Lebens

Ein Leben mit gesundem Selbstwert ist nicht perfekt, aber es ist authentisch. Es ist nicht frei von Schmerz, aber es ist frei von der Qual der Selbstablehnung. Es ist nicht immer einfach, aber es ist immer echt.

In diesem authentischen Leben musst du nicht mehr so tun, als wärst du jemand anderes. Du kannst Schwächen zugeben, ohne dich dafür zu schämen. Du kannst deine Stärken zeigen, ohne dich schuldig zu fühlen. Du kannst Grenzen setzen, ohne dich rechtfertigen zu müssen. Du kannst Hilfe annehmen, ohne dich schwach zu fühlen.

Diese Authentizität zieht echte Verbindungen an. Menschen spüren, wenn jemand echt ist, und reagieren darauf mit ihrer eigenen Echtheit. Oberflächliche Beziehungen fallen weg, aber dafür entstehen tiefere, bedeutungsvollere Verbindungen.

Das neue Ich, das aus diesem Prozess entsteht, ist nicht eine völlig andere Person. Es ist die Person, die wir schon immer waren, befreit von den Schichten aus Selbstzweifeln, falschen Überzeugungen und äußeren Erwartungen. Es ist unser wahrer Kern, der endlich Raum bekommt zu strahlen.

Das Geschenk an die Welt

Ein Mensch mit gesundem Selbstwert ist ein Geschenk an die Welt. Nicht weil er perfekt ist, sondern weil er authentisch ist. Er gibt anderen die Erlaubnis, ebenfalls echt zu sein. Er zeigt, dass es möglich ist, sich selbst zu lieben und trotzdem – oder gerade deshalb – liebevoll mit anderen zu sein.

Wenn du aufhörst, deinen Wert zur Verhandlung zu stellen, schaffst du Raum für echte Verbindung, echte Liebe, echtes Leben. Du wirst zu einem Beispiel dafür, dass es möglich ist, in Frieden mit sich selbst zu leben. Und dieser Frieden ist ansteckend. Das ist das wahre Geschenk eines gesunden Selbstwerts: Er macht dich nicht nur selbst freier und glücklicher, sondern trägt auch zur Heilung der Welt bei. Denn eine Welt voller Menschen, die sich selbst lieben und respektieren, ist eine Welt voller Möglichkeiten für Frieden, Mitgefühl und echte menschliche Verbindung.

Dein neues Ich ist unverhandelbar! Nicht aus Sturheit, sondern aus Liebe. Aus der tiefen Erkenntnis, dass du es verdienst, authentisch und vollständig zu leben. Und diese Erkenntnis ist der Beginn von allem Schönen, was noch kommen mag.

Affirmationen

Worte, die ich fest in mir verankere

Ich verhandle nicht mehr über meinen Wert.

Ich stehe zu mir – ohne Entschuldigung.

Meine Entscheidungen spiegeln meine Wahrheit.

Ich bleibe mir treu, auch wenn es unbequem ist.

Mein neues Ich ist kein Entwurf – es ist echt.

Nachwort

Liebe Leserin, lieber Leser,
wenn du diese Zeilen liest, hast du eine Reise hinter dir. Du hast in Spiegel geblickt, Geschichten umgeschrieben und beschlossen, dir selbst eine gute Freundin zu sein. Aber hier, am Ende dieses Buches, beginnt eigentlich alles erst richtig.

Die Wahrheit über Heilung

Selbstwert ist kein Zustand, den du erreichst, sondern eine Beziehung, die du täglich pflegst. Heilung ist nicht linear. Du wirst Rückfälle haben, und das ist normal. Ein Rückfall ist kein Neubeginn – du fällst zurück mit all dem Wissen und der Liebe, die du für dich entwickelt hast.

Was du jetzt schon bist

Du bist bereits mutiger, als du glaubst. Stärker, als du ahnst. Liebenswerter, als du akzeptieren kannst. Du bist kein Projekt, das fertiggestellt werden muss. Du bist ein Kunstwerk, das sich ständig neu erschafft.

Der Moment der Erkenntnis Es wird einen Moment geben, in dem du realisierst: Du musst nicht mehr beweisen, dass du liebenswert bist. Du warst nie das Problem. Du warst die Lösung, die nach sich selbst gesucht hat.

Ein letztes Geheimnis

Du warst nie allein auf diesem Weg. Deine Heilung heilt nicht nur dich – sie heilt auch die Menschen um dich herum. Wenn du lernst, dich selbst zu lieben, gibst du anderen die Erlaubnis, dasselbe zu tun.

Wenn du dieses Buch zuklappst, beginnt das eigentliche Buch – das Buch deines Lebens. Es wird nicht perfekt werden, aber es wird echt werden. Es wird nicht immer glücklich werden, aber es wird immer deins werden. Und das ist mehr als genug. Das bist du – unverhandelbar, authentisch, liebenswert. Genau so, wie du bist. Genau jetzt. Für immer.

PS: Schreib dir selbst einen Brief für schwierige Tage. Erzähl deinem zukünftigen Ich, was du heute über Selbstliebe gelernt hast. Das ist dein Geschenk an dich selbst.

In Liebe,
Deine

Claire Rose

Impressum

Claire Rose wird vertreten durch:

Lindengrün Verlag
Vanessa Schäfer
Wächterstraße 60
01139 Dresden, Deutschland
Kontakt: lindengruen.verlag@gmail.

Dieses Buch wurde in Übereinstimmung mit den GPSR-Richtlinien der EU zur Sicherheit von Produkten erstellt.

Die Verordnung über die allgemeine Produktsicherheit ist der aktualisierte Rahmen der Europäischen Union, um sicherzustellen, dass alle Verbraucherprodukte, einschließlich Bücher, für Verbraucher sicher sind.

Dieses Buch wurde von CPI books GmbH gedruckt. Der Drucker hat Sicherheitszertifikate für die verwendeten Materialien wie Tinte, Papier und Kleber ausgestellt.

Die Produktkennung ist: 9783982734910

Der Autor ist für den Inhalt des Buches verantwortlich und hat das Buch von Bookmundo produzieren lassen.

Sollten Sie Fragen zur Sicherheit des Produkts haben, kontaktieren Sie uns bitte.

Bookmundo
Delftsestraat 33
3013AE Rotterdam
Die Niederlande
info@bookmundo.com